BUEN CAMINO

EN COMPAÑÍA

* JOSÉ LUIS NEIRA *

*Este Libro te va a ayudar a sentirte Siempre en Compañía ..
... y encontrar personas como Tú.*

Nota a los lectores: esta publicación contiene opiniones e ideas de su autor. Su intención es ofrecer un contenido útil e informativo sobre el tema tratado. Las estrategias señaladas en este libro, pueden no ser apropiadas para todas las personas y no se garantiza que se produzca ningún resultado en particular. Este libro se vende bajo el supuesto de que ni el autor, ni el editor, ni la imprenta se dedican a prestar asesoría ó servicios profesionales legales, financieros, de contaduría, psicología u otros. El lector deberá consultar a un profesional capacitado antes de adoptar las sugerencias de este libro ó sacar conclusiones de él. No se da ninguna garantía respecto a la precisión e integridad de la información ó referencias incluidas aquí y tanto el autor, como el editor, la imprenta y todas las parte implicadas en el diseño de portada y distribución, niegan específicamente cualquier responsabilidad por obligaciones, pérdidas, riesgos personales ó de otro tipo, en que se incurra como consecuencia, directa ó indirecta, del uso y aplicación de cualquier contenido del libro.

Buen Camino en Compañía

Primera edición: Noviembre de 2019

Diseño de portada: Santos Neira Gutiérrez e Iris Neira Campillo.
Autoedición: José Luis Neira Gutiérrez
ISBN: 978-84-09-16850-7
Depósito Legal: CR 1295-2019

jluisnegu@gmail.com

www.joseluisneira.com

La publicación de esta obra, puede estar sujeta a futuras correcciones y ampliaciones por parte del autor, así como son de su responsabilidad las opiniones que en ella se exponen.

¡¡ HOLA   !!

YO SOY

....

(PON TU NOMBRE)

Tengo .... **años**

Hombre ( )

Si TÚ eres /   Pon una X en un paréntesis ( )

Mujer ( )

Y **TU** edad comprendida entre .... y .... Años

Tengo un mensaje para TI en la Página Nº ....
De las Herramientas del Libro.

**Si no tienes la edad ó no vas a hacer nada, deja este libro.
Gracias**

<u>DEDICATORIA DEL AUTOR</u>

(Para libros firmados por el autor)

Fdo: José Luis Neira

Mi objetivo y **MI MISIÓN** es: que **SIEMPRE**
<u>**te sientas acompañado y acompañada.**</u>

DEDICADO IN MEMORIAM
Antonio Díaz Cardo
Joven de 35 años
Indigente
A quien tratamos de ayudar
La sociedad actuó tarde Y
Faltaban Recursos en la Ciudad
(12-06-1983 a 20-06-2019)
D.E.P.

ÍNDICE

PRÓLOGO

Detrás del desafío está la bendición, pero si te pierdes el desafío, con él también se te escapa la bendición.

Todo lo que nos sucede en la vida, absolutamente todo, sucede por una razón, y esta es para hacernos crecer, evolucionar, estirarnos y llevar nuestras vidas a un siguiente nivel.

Puede que hayas pasado algunos sufrimientos, algunas injusticias o desilusiones en el pasado, pero no importa nada de eso. Es mucho más importante el lugar a donde vas, que el lugar de donde vienes.

Debes confiar en que siempre, pero siempre, siempre, siempre, lo mejor está por llegar. Sin importar como se vean de oscuras las circunstancias hoy, recuerda que el gozo siempre viene por la mañana, y que el momento más oscuro de la noche es siempre justo antes del mejor y más brillante amanecer.

Como te decía, las cosas no llegan a nuestras vidas por casualidad, sino por causalidad, por sincronicidad, por principio de causa y efecto. Tampoco lo ha hecho este libro, por lo que si lo tienes en tus manos, significa que tiene información importante para que te ayude en tu evolución.

Gracias José Luis por escribirlo y gracias a ti, amado lector, por querer leerlo y aprender de él.

GRACIAS, GRACIAS, GRACIAS.

TE AMO.

LAIN, autor de la saga LA VOZ DE TU ALMA.

www.lavozdetualma.com

<u>AGRADECIMIENTOS</u>

Dicen que es de bien nacidos, el ser agradecidos. Por mi parte, en esta vida, debo agradecer a cada persona que se ha cruzado en mi vida la enseñanza que me ha dejado, unas me habrán gustado más y otras menos; pero Enseñanzas.

A mis Padres por haberme criado y educado lo mejor que han sabido y me consta se han preocupado por ello siempre. Especialmente ahora, a mi Madre que sigue velándome.

GRACIAS

A mis Hermanos, por ser un espejo donde mirarme y al que querer, recibiendo siempre su cariño, su Amor y afecto.

GRACIAS

A mis hijos, por ser el Motor para acelerar y no parar.

GRACIAS

A Isabel, por ser un pilar del Amor puro y puro Amor.

GRACIAS

A Laín, Mi mentor, que me abrió el Camino para escribir este libro y los dos siguientes, para hacer la Trilogía.

GRACIAS

A ti amada lectora y amado lector, por el camino que empiezas leyendo este libro y ser Caminante.

GRACIAS

<u>¿ QUE TE VA A APORTAR ESTE LIBRO ?</u>

La lectura de este libro, sin duda te va a ayudar a que encuentres ese Sentimiento de <u>Calma Interior</u> que tanto deseas y que aunque te encuentres solo ó sola en tu casa, en la calle ó donde quiera que estés, tengas calma; ya que si necesitas estar " EN COMPAÑÍA ".........................

Aquí vas a tener **una Herramienta** que vas a poder usar a Nivel práctico, para que a lo largo de tu día a día puedas contactar con personas, tanto para que te escuchen, como para que te acompañen.

Mi objetivo es hacer que cualquiera pueda **<u>superar los obstáculos,</u>** ante una <u>situación de desesperanza ó ansiedad,</u> <u>provocada por la</u> **<u>ausencia de compañía</u>**.

Para ello, voy a darte todas las herramientas posibles y voy a estar a tu lado para levantarte siempre que lo necesites.

Leer este libro y usar las herramientas que voy a poner a tu disposición te va a permitir conocer a personas que te ayudarán a sentirte mejor contigo, con todo y con todos los que te rodean al sentir que tú te sientes cada vez mejor.

Vas a TOMAR ACCIÓN por Ti en primer lugar y como suele decirse por Tus Compañeros.

No vas a caer en la dejadez ó el desánimo Pues postergando ó dejando las cosas para después no se consigue estar mejor.

Yo he tenido momentos de mi vida, que he vivido situaciones en las que me he sentido con vacío y ansiedad por falta de compañía; sobre todo cuando mis hijos se fueron a vivir con su madre temporalmente, hasta formalizar la nueva situación familiar, por la separación conyugal tras 21 años de Matrimonio.

También tras la pérdida de mi padre, con la Enfermedad de cáncer de hígado, que duró dos largos años, pude ver y sentir cómo mi Madre padecía los efectos de la ausencia de su compañero de vida; lo que le producía un gran sufrimiento y un profundo sentimiento de vacío en su vida, no sabía qué hacer con la vida, cómo iba a continuar con ella y ese dolor.

Afortunadamente un Viaje cambió su destino y allí conoció a diferentes personas que cambiarían el Rumbo de su vida y recuperó la Ilusión por vivir y seguir adelante.

Eso quiero yo para ti, un cambio en tu modo de pensar para que no sientas en tu interior ningún vacío, ni nada que perturbe tu Paz interior.

Deseo tu felicidad y me voy a esforzar para que así sea, puedes contar conmigo cuando lo precises y te voy a dejar mi correo electrónico y un teléfono después, para que si me necesitas, me lo digas, Nunca estarás solo ó sola. Si tú quieres siempre estaré contigo, ese ES………

José Luis Neira Gutiérrez

MI COMPROMISO CONTIGO

DESDE ESTE MOMENTO

....

¡¡ EMPRENDER UN CAMINO !!

¡¡ JUNTOS !!

BUEN CAMINO

11 22

....

" BUEN CAMINO " :   Es la frase que utilizan los Peregrinos que hacen el " Camino de Santiago " y que cada vez que se cruzan ó se adelantan por llevar diferentes ritmos, se dicen y desean de Corazón.

Un " Buen Camino ", hasta llegar a Santiago de Compostela, ciudad al Norte de España en la Comunidad de Galicia y que supone haber recorrido al menos 100 kilómetros y sellando en los diferentes puntos ó establecimientos que, en dicho camino se encuentran, para que se reconozca el " Camino " realizado.

Yo, afortunadamente he podido realizar este Camino en Familia, durante el Verano de 2018 y ha sido una Bendición vivirlo y completarlo; ya que el sentimiento de plenitud me acompañaba cada día.

Te recomiendo hacerlo si es que aún no lo has hecho.

Personas de diferentes Países lo hacían en solitario, en grupo ó con familiares y amigos; pero el deseo y las palabras para la persona con quien se cruzaban era siempre el mismo.......

¡¡ BUEN CAMINO !!

En realidad, le estás deseando un <u>Buen camino en su Vida</u>. Un sentimiento sincero y de corazón de que ese trayecto independientemente del motivo que le haya llevado hasta allí, le sea <u>provechoso </u>para su vida.

Ese deseo sincero, de prosperidad en su vida que deseas al caminante Peregrino, es el mismo que deseas para ti y se siente en el Corazón, cuando lo recibes de otra persona y cuando tu se lo deseas a otra persona.

La otra persona es tu Espejo, eres tu en el trayecto, con unas circunstancias, que a buen seguro en tu vida, has pasado ó puede que pases.

Por eso …………………………………….

Le deseas un " Buen Camino "

Y eso es lo que yo deseo para ti, amado Lector, amada Lectora.

Que tu vida sea próspera y llena de Bendiciones. No importa tus circunstancias actuales.

¡¡ YO ESTOY CONTIGO !!

Si estás leyendo esta página, significa que quieres que te acompañe en esta parte de tu camino y yo ME COMPROMETO A HACERLO; pero además buscaremos personas que nos acompañen un ratito, unos minutos ó toda una vida..........

Escribe **el Nombre de 10 personas** si recuerdas inclusive la fecha también, que te han acompañado voluntaria y amistosamente durante los **últimos 10 días**. No importa el tiempo que hayan compartido con nosotros; es su tiempo y siempre es de agradecer.

<u>Personas que nos han acompañado minutos</u>
    1.- ....
    2.- ....
    3.- ....
    4.- ....
    5.- ....
    6.- ....
    7.- ....
    8.- ....
    9.- ....
   10.- ....

Habrá personas que te hayan acompañado minutos, uno ó varios días.

<u>Personas que te han acompañado día ó días</u>

1.- ....
2.- ....
3.- ....
4.- ....
5.- ....
6.- ....
7.- ....
8.- ....
9.- ....
10.- ....

<u>Personas que te han acompañado un mes</u> <u>Como mínimo</u>

1.- ....
2.- ....
3.- ....
4.- ....
5.- ....
6.- ....
7.- ....
8.- ....
9.- ....
10.- ....

También habrá personas que nos hayan acompañado durante años en nuestras vidas y pueden ó no estar en este momento.

como ves la vida se trata de:

<u>Compartir tiempo con personas</u>

PERO ....

¿ <u>QUIÉN ESTÁ CONTIGO</u> ?

HAY UNA PERSONA QUE

SIEMPRE ESTÁ CONTIGO

¡¡ ERES TÚ !!

Tú eres la Persona más importante; por eso quiérete y cuídate; porque para mi es importante que lo hagas; ya que como te he dicho vamos juntos en este viaje, en este camino y quiero que para ti y para mi sea UN BUEN CAMINO.

Si tú te cuidas, también me cuidas a mi, si tú te amas, también me amas a mi, si tú prosperas también me haces prosperar a mi.

¡¡ YO ESTOY CONTIGO !!

YO TE CUIDO Y TÚ ME CUIDAS.

NUESTRA AMISTAD ES PARA SIEMPRE

YA NUNCA NOS SENTIREMOS SOLOS

PORQUE NOS TENEMOS " FOREVER "

¡¡ PARA SIEMPRE !!

Me encanta la canción de **" Forever "**, del Mítico grupo Queen; aunque reconozco no es demasiado alegre y................

Amada lectora y Amado Lector, nosotros queremos ALEGRÍA E ILUSIÓN; por tanto :

¡¡ Vamos a DISFRUTAR !!
¡¡ Vamos a SENTIR !!
¡¡ Vamos a VIVIR !!

Siente que vas de viaje al Lugar que siempre soñaste.
¿ Cual es ?

....
(Escríbelo sobre la Línea de puntos)

Ese Lugar que puede que conozcas ó ese lugar en el que si no has estado ....

SUEÑAS CON ESTAR

Ese Lugar que te hace Vibrar de Emoción.
Ese Lugar que te hace Sentir Plenitud.
Ese Lugar que Sientes Energía Inagotable.

¡¡ CIERRA TUS OJOS Y SIÉNTELO !!

¡¡ Gracias por estar aquí !!

Enhorabuena por estar leyendo esta página, significa que alguien ó algo ha puesto este Libro en tus manos para que juntos hagamos una parte del Camino, del Buen Camino.

¿ Como te Sientes ?

¡¡ DI EN VOZ ALTA COMO TE SIENTES !!

Si estás en un sitio público y no te atreves a hacerlo…. **Escríbelo en esta página:**

Me Siento …………………………………

………………………………………………

Y además me Siento …………………….

………………………………………………

Pero nada más llegar a casa ó estés en otro lugar y creas que puedas ………………….

¡¡ DI EN VOZ ALTA COMO TE SIENTES !!

Caminante ….. Yo también estoy contigo.

QUÉ BUSCA ESTE LIBRO

<u>Este Libro, no es un Libro al uso.</u>

Es un <u>LIBRO CON VIDA</u> que quiere llevarte por
BUEN CAMINO.

SU OBJETIVO ES ACOMPAÑARTE

Porque <u>la Vida en sí, es un Camino</u> y depende de
NOSOTROS Y DE QUIEN NOS RODEAMOS, que
NUESTRA VIDA Camine por los diferentes Senderos,
que nos llevarán a tener Más o Menos Alegría, Más ó
Menos Abundancia, Más ó Menos Felicidad, en
NUESTRO CAMINAR.

**Unas veces caminaremos solos y otras
acompañados.**

Cada persona que nos acompaña en nuestra
Vida, independientemente del tiempo que esté a
nuestro lado, es un Maestro ó Maestra que nos dejará
una Enseñanza y un Aprendizaje para Crecer en
nuestro Camino.

Cada experiencia que vivimos al lado de ese
Maestro ó Maestra, supone una vivencia que debemos
aprovechar, para que aquello que nos está mostrando
y haciendo vivir nos sea útil; ya sea algo que sintamos
como positivo ó como negativo, nos hará Crecer.

Si la Vivencia con esa persona es positiva, debemos agradecerle haber estado con nosotros en nuestro Camino y compartir su Tiempo; porque :

" LO ÚNICO QUE TENEMOS EN ESTA VIDA ES TIEMPO "

Si la Vivencia con alguna persona la has sentido como " negativa ", Agradécelo igualmente

El TIEMPO del que disponemos en este Cuerpo ES LIMITADO; por eso, debemos aprovecharlo al máximo, independientemente de las circunstancias en que ahora te encuentres.

NO IMPORTAN LAS CIRCUNSTANCIAS IMPORTAS TÚ, IMPORTA CÓMO TE SIENTES con esas circunstancias, cómo las Vives en cada instante.

Si te sientes en plenitud con este sentimiento que ahora tienes, ¡¡ DISFRÚTALO Y SIÉNTELO !! con la Mayor ALEGRÍA E ILUSIÓN POSIBLES.

Siente GRATITUD por ello, agradece lo que tu corazón y tu Alma sienten en este instante. Agradece de corazón estar leyendo este Libro, yo doy gracias porque estés ahí leyendo, escuchando e interactuando conmigo.

En este instante estamos compartiendo esta página TÚ Y YO, conectados en la distancia, pero sintiéndonos MUY CERCA

Puedo ver y percibir tu rostro, puedo sentir tu Presencia y sé que tú, también puedes sentir mi presencia ahí, dentro de ti, en ese maravilloso órgano que posees llamado CORAZÓN.

Ese Corazón late para decirte:

¡¡ Eh estás Viva ó Vivo !!, estoy latiendo por ti y para ti........¡¡ VIVE !!,

- Respira profundamente
- No te encierres en ti
- Ábrete al Universo que te rodea
- Comparte con los demás tu Presencia

Eres un SER MARAVILLOSO, ÚNICO.

¡¡ GRACIAS POR EXISTIR !!

Cada lección de vida, a menudo viene acompañada de una situación difícil ó dolorosa de la que debemos sacar en conclusión, que todo cuanto sucede, es para nuestro aprendizaje y crecimiento como persona.

A buen seguro, tú desde una situación de comodidad, NO aprenderías las cosas como las aprenderías desde una situación incómoda; ya que si en tu mano hubiera estado; sin duda, al igual que yo, la hubiésemos apartado; pero LA VIDA NOS ENSEÑA LAS MAYORES LECCIONES CON MOMENTOS DIFÍCILES, momentos duros, por los que no queremos pasar.

LA VIDA, nos pone, aunque nos cueste creerlo, en la situación adecuada para aprender ……………..

UNA LECCIÓN DETERMINADA.

Cada suceso difícil para nosotros, es una prueba de la Vida para nuestro aprendizaje y por eso te digo amada Lectora y amado Lector, que la persona que nos hace aprender una enseñanza, una Lección, por muy dura que esta sea, Es :

UN MAESTRO Ó MAESTRA DE VIDA.

Está cumpliendo con su papel en el corto espacio de Tiempo que tenemos; por eso te digo, AGRADECE también a esta persona ó personas si han sido varias, el Aprendizaje que tienes que encontrar.

La Vida no deja nada al azar. Todo está en perfecta armonía para que suceda todo, como debe suceder y para que aprendamos aquello que necesitamos aprender.

"Yo creo que nada sucede por casualidad, ¿ Sabes qué ?. En el fondo las cosas tienen su plan secreto, aunque nosotros no lo entendamos".

La sombra del viento
Carlos Ruiz Zafón

Yo también lo siento así y también se nos está diciendo en los textos de hace miles de años que nos han llegado.

¿ Sabías que no existen dos copos de nieve iguales ?

" Y cada copo de nieve cae en su lugar exacto "
*(Haiku zen)

De igual manera que no existen dos Vidas iguales. AGRADECE SER QUIEN ERES. El agradecimiento, sitúa a las personas en altísima vibración.

Como Ser único que eres, también tienes un cometido único en esta Vida, una **MISIÓN** de Vida.

Te lo habrás preguntado alguna vez ¡¡ seguro !!.

Haiku : Poema japonés de 17 sílabas

Tienes un Camino que recorrer y yo espero que para ti sea BUEN CAMINO.

Si aún No lo has descubierto, REACCIONA, BÚSCALO Y ENCUÉNTRALO, para tener una Vida plena, en la que tu Alma pueda manifestarse y cumplir su objetivo.

Hace unos años hice un Curso de Numerología. Aprendí el significado de cada número y teniendo en cuenta dónde se sitúa cada uno, tendrá una influencia en tu vida, así como en tu Misión de Vida.

Incluso hoy día, algunas personas que saben que hice esta formación, me preguntan por el significado de ciertos números que en ocasiones y diariamente les aparecen en su vida cotidiana.

Y curiosamente, la información que les da estos números, suele coincidir sin duda, fielmente con las características propias ó de las personas con las que conviven ó se interrelacionan, amigos, hijos y otros.

En ocasiones no les prestamos atención; pero, cuando se la prestamos, es como si quisieran decirnos algo y realmente así es.

¿No te ha pasado que te has encontrado números en los que, se repiten alguna serie ó algún número?.

Bien, pues según la Numerología, aplicando cada número del 1 al 11, así como la combinación de estos a un apartado de nuestra vida, nos da una información muy extensa del " Por qué " de algunas cosas.

De igual modo, la fecha en qué naciste lleva una serie de números que tienen mucho que ver, tanto con quien Tú eres, así como el camino que debes seguir para llegar a la **<u>META QUE HAS DE ALCANZAR</u>**.

¿Quieres conocer en qué consiste y qué significado tiene tu fecha de Nacimiento en tu vida según la Numerología ?.

Yo, sólo te voy a dar unas pinceladas respecto a este tema; ya que si te sientes atraído ó atraída por él, hay libros en los que podrás encontrar información más extensa al respecto y personas formadas en ello.

Realicé un curso hace años sobre numerología y realmente me sorprendió, la relación de los números con nuestra Vida y que realmente he podido constatar con los años.

LA NUMEROLOGÍA

"Después de escalar una montaña muy alta, descubrimos que hay muchas otras montañas por Escalar ".

(Nelson Mandela)

Descubrir la Numerología para mi fue, como escalar esa montaña y descubrir cuánto me queda por aprender y por descubrir en este camino.

Pero permíteme mostrarte unos conocimientos básicos respecto a este tema.

¿ Qué es la Numerología ?

La Numerología, es el Método que estudia el proceso por el cual hemos pasado, estamos pasando y continuaremos pasando a través de nuestra Evolución Personal y Espiritual en esta Vida.

El Estudio Numerológico tántrico, también ayuda a alcanzar una mejor comprensión de los Valores que tiene la Vida del ser Humano y de los desafíos a que está sometido.

La palabra **Tantra** quiere decir **tejer**; esto se relaciona con el trabajo que tenemos que hacer cada uno de nosotros para Evolucionar interiormente.

La Numerología Tántrica, permite tener una orientación de Por qué, eres como eres, por qué ……...

Piensas como piensas ó por qué te relacionas con el Mundo del modo en que lo haces.

¿ Quieres saber más ?, ¿ Sí ? pues continuamos, "caminantes", quiero mostrarte cómo los números de tu fecha de Nacimiento están íntimamente ligados contigo e incluso con el resto de tu familia, pareja ó amistades.

Aquí se trabaja para simplificar con los números del 1 al 11. Cada número que se obtenga, si es mayor, se reduce sumando ambos.

Cada número tiene un nombre simbólico, que determina las Fuerzas y debilidades del Ser Humano.

Aunque cada persona tiene los **once** números, **cinco** son los que van a determinar tu Personalidad:

- manera de ser

- manera de actuar

- Forma de pensar etc.....

Se establecen **5 PILARES DE EVOLUCIÓN**

- Alma   (Tu Yo Interior)

- Karma   (Tú Hacia los demás)

- Regalo Divino (Tu Don)

- Destino (Aprendizajes innatos)

- Vida   (Misión y Propósito)

EL ALMA representa nuestro Proceso Interior, nuestra Paz Espiritual. Hay que trabajarlo interiormente.

EL KARMA, representa aquello que hemos de trabajar exteriormente, hacia los demás. Lo que te hará ver tu relación con el Mundo exterior y cómo debes vivir el equilibrio del Alma respecto al mundo y quienes te rodean.

<u>El Alma y el Karma hay que trabajarlos</u> y llevarlos paralelamente en armonía para que en esta vida puedas crecer y llegar a tu máximo desarrollo personal ó Espiritual.

Debes confiar y estar segura de que tienes la Fuerza Interior para trabajar la Intuición.

EL DON, es el Regalo Divino, representa la Fuerza, <u>la Bendición que TE ha sido dada</u> y debes **<u>poner al servicio de los demás.</u>**

EL DESTINO, representa lo que Nuestra Alma trae aprendido de otras Vidas, de nuestros antepasados, ligado incluso en los genes, **<u>cualidades innatas</u>** que tenemos y es **para lo que hemos venido**.

LA VIDA, representa la Totalidad de lo que hemos de obtener en esta vida y **<u>vivir según la cualidad del número</u>**; ya que así tendrás la Plenitud Interior.

<u>CORRESPONDENCIA DE NÚMERO Y PILAR</u>

se hace de la siguiente manera:

<u>ALMA</u>	+	<u>REGALO DIVINO</u>	= VIDA
KARMA		DESTINO	

El Número del **Alma** es tu <u>Día</u> de Nacimiento.

El Número del **Karma** es tu <u>Mes</u> de Nacimiento.

El Número del **Regalo Divino / Don** es la suma de las **dos** <u>última cifras de tu Año</u> de Nacimiento

El Número del **Destino** es la suma de <u>las cuatro cifras de tu año</u> de Nacimiento.

El Número de **Vida** es el resultado de la suma total del día, mes y año de Nacimiento.

<u>Sólo debes trabajar los Pilares del</u> **Alma** y **Karma**

Esos dos, <u>son lo que en la vida te cuesta</u> y donde debes <u>poner la intención de mejora</u>.

El **Don** y el **Destino, No** necesitas trabajarlos; ya que es lo que traes de serie, ES TU REGALO DIVINO.

El Número que tienes en **Vida** ó <u>cómo</u> Vives, es el Resultado de <u>cómo</u> has trabajado los DOS Pilares **Alma** y **Karma.**

" Escucha a tu corazón y hazle caso, tu intuición siempre te va a guiar. "

- José Luis Neira -

EJEMPLO:

Para que veas cómo se hace quiero mostrarte un **ejemplo práctico**.

SIEMPRE TENIENDO EN CUENTA QUE CUALQUIER NÚMERO SUPERIOR A 11, SE SIMPLIFICA SUMANDO LOS DOS DÍGITOS

Supongamos que has nacido el 22 de junio de 1969 ó sea, el mismo día que yo…...

haremos lo siguiente:

TÚ y YO …………… 22 - 6 - 1969

(Día)		(Suma de los <u>Dos últimos</u> números del año nacimiento)	
ALMA		**REGALO DIVINO**	
4	**+**	**6**	**= 8**
6		**7**	**VIDA**
KARMA		**DESTINO**	(Día+ Mes+Año)
(Mes)		(Suma de los números del año nacimiento)	

Tu Número del **Alma** es 4 (día)…... 22 = 2+2 = 4

Tu Número del **Karma** es **6** (mes)………. 6

Tu Número del **Regalo Divino** / <u>Tu **Don**</u> es **6**
      69 = 6+9 = 15 … 1+5 = **6**

(la suma de las <u>**dos**</u> última cifras de tu Año de Nacimiento y <u>**Reducir**</u>)
REDUCIR: Sumar las <u>cifras de valor **superior a 11**</u>

Tu Número del **Destino** es **7**
      1+9+6+9 = 25
      25 = 2+5 = **7**

(Es la suma de <u>las cuatro cifras de tu año</u> de Nacimiento)

Tu Número de **Vida** es **8**
      22+6+1969 = 53 ------> 5+3= **8**

(es el resultado de la suma total del día, mes y año de Nacimiento.)

Ahora con el Número 8 en VIDA ó lo que es lo mismo: <u>**Cómo tendría que Vivir mi vida**</u>, qué Cualidad principal debe marcar mis Acciones.

Observo **el Número 8,** veo que su Cualidad es **La Pureza**; debo Vivir en mi día a día, <u>actuando en base a esta Cualidad</u>.

<u>**COMO AYUDA puedes**</u> :

<u>**Meditar y/o Orar**</u>, hacerlo con Constancia, esto te conectará con tu parte anímica y hará que la intuición espontáneamente, dirija tus decisiones y Acciones en la dirección correcta.

> **La Cualidad** de cada Número, representa **Cómo, debes actuar**, para tener Armonía en el área ó Factor en que se encuentre

NOMBRE SIMBÓLICO · CUALIDAD

NOMBRE SIMBÓLICO	CUALIDAD
Nº 1: cabeza Versus Corazón	Humildad
Nº 2: Añoranza de pertenecer	Obediencia
Nº 3: Diabólico / Divino	Igualdad
Nº 4: Copa de Plegaria	Servicio
Nº 5: El Maestro	Auto-sacrificio
Nº 6: Persona en oración	Justicia
Nº 7: Plataforma de Elevación	Compasión
Nº 8: Finito versus infinito	Pureza
Nº 9: Misterio Versus Maestría	Serenidad
Nº10: Todo ó Nada	Coraje Real
Nº11: Gurú	Incambiable

> * La Misión principal de este Método es, facilitar a la persona a **conectar con su Alma** y espero te ayude.

> *La numerología, tiene también unos **ejercicios** y una **Meditación** específica para cada número.

<u>MUY IMPORTANTE:</u>

EN TU VIDA DEBES VIVIR Y REPITO <u>DEBES VIVIR, PRACTICANDO SIEMPRE, COMO ALGO HABITUAL ..... LA CUALIDAD QUE TE MARCA TU NÚMERO DE VIDA.</u>

<u>LOS NÚMEROS EN VIDA</u>

Si tienes el **1** : <u>**Humildad**</u>

TU MISIÓN: Cualidad que debe dominar en tu vida y en tus acciones. <u>Debes **ser, Ejemplo para todos**</u>.

Si tienes el **2** : <u>**Obediencia**</u>

(Significa el estudiante perfecto y obediente). **TU MISIÓN:** Expandir esta cualidad, haciendo todo lo que sea necesario, con **Constancia y entrega** total para asegurar tu propia identidad y poder enseñarlo a los demás.

Si tienes el **3** : <u>**Igualdad**</u>

TU MISIÓN: Expandir esta cualidad y ver la <u>**Igualdad en todo el mundo y en todas las situaciones**</u>. Debes **tener cuidado de los demás e** <u>**interesarte por todos**</u>, valiéndote de tu Mente positiva y Equilibrada.

<u>Así es como los demás necesitan que te comportes</u>.

Si tienes el **4 : <u>Servicio</u>**

TU MISIÓN: Tener esta Cualidad <u>**SIEMPRE PRESENTE**</u> para <u>orientar tu vida</u> en **ACTOS de SERVICIO**, con esfuerzo, Humildad y Constancia.

Así podrás cambiar la Dirección de tu propio Destino y el de las Personas con las que tengas contacto ó conexión.

Si tienes el **5 : <u>Auto - Sacrificio</u>**

Esta cualidad, aunque en principio parezca complicada, no la puedes olvidar en tu Vida. **<u>Debes estar cuando te busquen</u>** <u>y aconsejar con tu palabra; ello te saldrá de forma espontánea, como un Maestro/a.</u>

TU MISIÓN: <u>DEBES ENSEÑAR CON TU EJEMPLO</u>; Ya que los que te rodean quieren verte como la Persona que Vive lo que Enseña y lo que Explica.

Si tienes el **6 : <u>Justicia</u>**

Esta cualidad tienes que hacerla tuya y ser tu **motor de Vida**, para ser una persona con una gran Capacidad de Concentración, meditativa, Justa y calmada.

Ello te convierte en un **Representante del Universo**.

Con Capacidad de mantener una postura inalterable y auto-segura para poder controlar las situaciones, por complicadas que sean.

Si tienes el **7** : **Compasión**

Esta cualidad te permite armonizarte contigo y tener un Alma lo suficientemente fuerte para no sentirte afectada para nada y Elevar a los demás.

TU MISIÓN: Elevar a los demás, te elevas tú también. Quiere decirse, tu Creces <u>Ayudando a los demás a Crecer Interiormente como Seres.</u>

Si tienes el **8** : <u>**Pureza**</u>

Esta cualidad Debe ser una CONSTANTE EN TU VIDA, <u>**SER IMPECABLE**</u>, tanto en Pensamiento como en Acciones. Si quieres tener Paz Interior

TU MISIÓN: <u>Actuar con **Pureza y transparencia**</u>. Sentirás el gozo que hará fluir la Compasión a través de ti. De este modo, vas a poder Experimentar y **Sentir toda tu Energía Vital.**

Si tienes el **9 : <u>serenidad</u>**

Esta Cualidad viene de la Experiencia Profunda de los Misterios del Universo. Ello te permite una Claridad Mental Superior, gran Intuición ante los sucesos que están por venir.

Debes de manera habitual, estar <u>en Calma y de forma serena,</u> por si quieres tener un Crecimiento personal Interior ó un Crecimiento Espiritual, sin exageraciones ni descontrol, sino <u>desde la tranquilidad</u>.

TU MISIÓN : <u>SER MAESTRA Ó MAESTRO</u> para los demás con tu ejemplo. Al igual que el 5. Confía para ello, en tu Sabiduría Interior Innata.

Si tienes el **10 : <u>Coraje Real</u>**

Sólo con Coraje, tendrás el Empuje y la Fuerza necesarios, para tener una Vida Plena y para cuidar tu Alma (Tu yo Interior).

Debes, **Ser Valiente para dar el primer paso**, <u>tomar las decisiones</u> que hagan falta y aceptar las consecuencias.

TU MISIÓN : <u>SER LÍDER</u>, GUÍA, **DIRIGIR,** SER GUERRERO Ó GUERRERA.
Compromiso al 100% en <u>TODO </u>lo que hagas; ya que si no, No obtendrás <u>NADA.</u>

Si tienes el **11 : <u>Incambiable</u>**

Este número abarca las Diez cualidades anteriores.

Ello hace que sea un Número muy duro, en el sentido de que es el más completo y requiere Gran Fuerza.

Debes, **establecer** una <u>Relación muy Profunda con un</u> **<u>MAESTRO Ó MAESTRA</u>** <u>que siga unas Enseñanzas.</u> Esto te DARÁ la Fuerza que te llevará de La Oscuridad a La LUZ y tendrás **<u>claridad de pensamiento</u>** en tus Acciones.

TU MISIÓN : <u>Tomar Conciencia del</u> **Por Qué del Ser** Humano en La Tierra y de la Infinitud del SER y **<u>Enseñarlo</u>** <u>por donde vayas.</u> Has de **convertirte** en un SER INCAMBIABLE.

Ser el Gurú, porque tienes <u>Conexión con La Sabiduría Universal ó Divina</u> en tu interior y **debes** por tanto… **<u>hacer ver a los demás su Divinidad Interior</u>**.

11 HERRAMIENTAS PARA ESTAR EN COMPAÑÍA

__Mi objetivo principal__ :

Con este libro y las 11 Herramientas es, que NUNCA te sientas sola ó solo, ya te lo he dicho; ya que ese sentimiento de soledad y vacío genera en las personas, tal ansiedad y desesperación, que en muchas ocasiones les hacen enfermar.

Y créeme, esta vida es demasiado breve, como para vivirla con angustia y desesperación.

Soy una persona, que en ocasiones he sentido esta sensación en mi cuerpo y me ha generado tal malestar, que por supuesto, es algo que __NO__ DESEO para ti, querido Caminante, del Buen Camino.

Esa sensación, de ausencia de compañía, ese Sentimiento profundo de malestar, me he propuesto darle una solución y que llegue a todas las personas de este Planeta.

Todas las personas, merecen ser Felices y si la causa de la infelicidad de millones de personas, es esa ausencia de compañía, vamos entre todos a solucionarlo.

Me gustaría contar contigo, para solucionar este

problema; para ello, puedes contribuir dando a conocer estas 11 Herramientas, cuyo objetivo principal es que toda persona se sienta siempre acompañada.

Puede que conozcas a una ó a varias personas que busquen compañía ó TÚ, sin ir más lejos y yo estoy aquí, para ayudarte a encontrar lo que buscas y no es casualidad.

Este libro, **es una Herramienta para ti.**
 Con ese Fin lo he escrito entre otras cosas, para que te sea útil Y puedas sacarle el máximo provecho en el Camino que vas a emprender para tu mayor bien.

LA FÓRMULA CLAVE

CONSISTE EN :

<u>Dejar el libro</u>   **EN UN LUGAR QUE TÚ ELIJAS,** en espera de que alguien lo encuentre y se ponga <u>en contacto CONTIGO</u>, mediante diversas vías, que son:

Lo que denomino **HERRAMIENTAS.**

Si van varias personas juntas,..... que han encontrado TU LIBRO y no es casualidad, sino por una causa, <u>por **causa-lidad**</u>, por algún motivo, es porque universo te ha puesto a esa persona ó personas en **TU CAMINO**.

Ahora ya depende de ti, cómo puedes gestionar <u>"el compartir tu tiempo"</u> con quien ó quienes se han puesto en contacto contigo y que puede ser por una buena causa.

Mi deseo es que estas Herramientas, **te ayuden** a solucionar la AUSENCIA DE COMPAÑÍA.

En <u>varias de las herramientas</u>, pongo que pueden contactar con la Asociación (ONG), Buen Camino para ponerse en contacto contigo, si es tu deseo, como un

Servicio nuestro hacia ti, por llamarlo de algún modo.

Tú, **como propietaria de este libro, puedes ser colaboradora** nuestra:

- **Enviando una foto con el Libro,** Buen Camino en Compañía a nuestro Correo Electrónico. buencamino1122@gmail.com
- **Inscribiéndote** en nuestro correo electrónico y **sin coste alguno para ti**; ya que al tener el libro, ya has colaborado con las acciones benéficas que la Asociación realice.

POR ELLO, TE DOY LAS GRACIAS DE CORAZÓN

También uno de los requisitos para que puedan ponerse en contacto contigo a través de la **Asociación Buen Camino (A.B.C.)**, es que la otra persona esté asociada con nosotros; por ello, si no lo está, puede hacerlo a través de nuestro correo:

buencamino1122@gmail.com.

También puedes colaborar, dando el Nombre de nuestra Asociación a personas que se sientan solas y necesiten hablar con alguien ó bien, encontrar a una persona ó personas que le acompañen en este Camino, que es la Vida.

HERRAMIENTAS

1ª HERRAMIENTA

Mi Nombre es ……………………………………..
(Pon tu Nombre)
Tengo ………… años

Puedes contactar conmigo en:
" Asociación Buen Camino. " ONG.

1 - Dejando tu número de **teléfono** en **A.B.C.**
2 - Dejando tu **e-mail** en **A.B.C.**
buencamino1122@gmail.com

Puedes contactar conmigo por la Vía 1 ó 2.

Ellos tienen mi número de teléfono ó e-mail para contactarme y pasarme tus datos. **Intermedian por mi.**

Si de veras quieres conocerme, espero sea por un buen motivo y porque como yo quieres estar en compañía.

Si no es tu deseo, deja este libro dónde lo has encontrado y el **universo** me traerá la persona adecuada.

También puedes dejar tu teléfono si lo deseas y que se pongan en contacto contigo ya es responsabilidad tuya hacerlo.

2ª HERRAMIENTA

Hablar solamente por Teléfono.

Me llamo ……………………………………………………

Mi teléfono es………………………………………………

Me gustaría recibir una llamada cordial, que me ayude a estar en compañía por un momento; ya que en esta vida, estar acompañados, es una forma Natural del Ser Humano y quizá, hablando por teléfono de momento, me sería de gran ayuda.

> **Si no es tu deseo**, deja el libro donde lo has encontrado y confío, que el universo, me traerá la persona adecuada.

No obstante, gracias de corazón. Si has optado por llamarme al menos, has ocupado un tiempo y un espacio en mi vida; pues realmente:

> ## ¡¡ SOLO TENEMOS TIEMPO !!
> Gracias por compartir tu tiempo conmigo

Espero de ti cordialidad en la llamada y quiero desear para ti un :

¡¡ BUEN CAMINO !!

3ª *HERRAMIENTA*

¿Quieres viajar conmigo?

Voy a realizar un viaje a………………………..

Fecha:…………………………………………..

El Medio de Transporte será:………………...

Necesito un compañero   ___
Necesito una compañera   ___
Necesito acompañante, me da igual género ___
(Pon una X dependiendo del acompañante que buscas)

Me llamo………………………………………………
Tengo…….. **años.**
Mis aficiones son:

Mi forma para que puedas contactar conmigo es:

Tacha el cuadro que desees usar y completa los datos. Elige la que tú consideres.

1. Conmigo a través de mi correo electrónico:
……………………………………………..

2. Conmigo a través de mi teléfono:
……………………………………………..

3. A través de la asociación Buen Camino email buencamino1122@gmail.com

4. Viajo con la Agencia:………………………...

Si pones a través de la asociación Buen Camino mediante su email, lógicamente el contacto será más lento. Ellos le enviarán un correo a quien contacte y le **dirán** los datos que **TÚ**, previamente, les debes facilitar para que contacten contigo. Tu e-mail ó teléfono.

La Asociación le pedirá previamente una foto con el Libro y la página que tú has rellenado, le dará los datos que tú nos facilites, en el correo electrónico que debes enviarnos a buencamino1122@gmail.com

---

Mi mejor deseo para ti, es que aparezca la persona ó personas adecuadas para ti y te acompañen en este pretendido Buen Camino.

Pon tu Firma ó dibujo:
Haz algo que te identifique, para que salga en la foto, en caso de coger la opción 3 de este apartado.

4ª HERRAMIENTA

¿ Quieres visitarme ?

- Me llamo………………………………………………..
- Tengo…….. años.
- Mis aficiones son:

Si tienes interés, puedes contactar conmigo de esta manera y **te pongo una X en la casilla** ☐ que considero más idónea.

☐ 1. A través del e-mail de la asociación Buen camino
buencamino1122@gmail.com

Indícales que te has encontrado este libro y que te pongan en contacto conmigo, yo ya he hablado con ellos y les he dejado mis datos.

Ellos te pedirán en el e-mail, una fotocopia de tu DNI por ambas caras, que custodiarán de forma segura.

También enviarán un correo a tu email, con mi dirección de correo electr. ó teléfono y así podremos estar en contacto y a ver qué nos depara el destino.

☐ 2. Directamente conmigo:

Me llamo…………………………………………….
a. Mi número de teléfono es ………………………..
b. Mi E – Mail …………………………………………

5ª HERRAMIENTA

<u>Contacta conmigo a través del Grupo de Whatsap de la Asociación Buen Camino</u>

1. Debes asociarte a " **Buen Camino** "

<u>**Adquiriendo un libro como este**</u>, donde lo recaudado es para promocionarlo y para la Asociación. **PARA AYUDAR A PERSONAS SIN HOGAR Ó EN SOLEDAD.**

Una ONG sin ánimo de lucro, cuya **<u>misión</u>** es <u>que todo el mundo sienta la compañía de alguien</u> a cualquier hora, las 24 horas del día, los 365 días del año y que tengas **Buen Camino en Compañía.**

También debes de seguir una serie de normas para estar en ese grupo:

Además de estar asociado, sería interesante, que regalases un ejemplar al menos; ya que, de este modo, colaboras y podrás ayudar a más personas.

Por supuesto, es una decisión voluntaria tuya.

También, a parte de leer el libro, sería de gran ayuda, que pudieras regalar algún ejemplar de este libro ó de cualquiera de la Trilogía, a quien tú consideres que puede ayudarle, así estarás sembrando **una semilla de colaboración,** con las personas que, conoces o quieres, ya sean o no de tu círculo cercano.

<u>Sembrando esta semilla ayudarás al mundo</u>

2. Guarda unas normas de buen uso y decoro en el whatsap.

a. Utiliza un vocabulario adecuado y respetuoso.

b. Cuando escribas, que sea porque quieres contar algo y no escribir por escribir.

c. No contactes individualmente con las personas del grupo, si quieres, puedes pedirle permiso por el grupo y si te lo dan perfecto.

d. Si deseas hablar con alguien por privado, pon su número de teléfono o nombre en el grupo seguido de permiso para hablar si no te dicen nada, como máximo, se permitirá que a través del grupo, lo intentes de nuevo una sola vez .

e. En este grupo no están permitidos temas sobre política o disensiones de ideas; ya que el único fin de este grupo, es que las personas puedan hablar sobre propuestas, para hacer cosas que ayuden a estar en compañía y contactar individualmente si es su deseo.

No sé descarta que, personas de ese grupo queden para hacer alguna actividad o para compartir tiempo en forma de paseo, por la naturaleza, por la población , charlas y tertulias, meriendas etc…

Habrá un moderador de grupo de Whatsap de **Buen Camino** constituyendo cada grupo de unas 100 personas, cualquier reclamación os podréis dirigir al moderador o moderadora.

6ª HERRAMIENTA

Contacta conmigo a través de Facebook.

Mi facebook es...

- Por favor envíame una solicitud de amistad.

7ª HERRAMIENTA

Contacta conmigo a través de Instagram.

Mi cuenta es...
....

8ª HERRAMIENTA

Contacta conmigo a través de Twitter

Mi cuenta es...
....

9ª HERRAMIENTA

Busco lugar para compartir tiempo.

- Busco un lugar para pasar…….. horas
- Busco un lugar para pasar…….. días
- Busco un lugar para pasar…….... meses
- Busco un lugar para pasar el tiempo que tú consideres.

Puedes contactar conmigo a través de:
(<u>ELIGE</u> EL NÚMERO QUE CONSIDERES HACIÉDOLE UN CÍRCULO)

Me llamo: ……………………………………
Tengo: …… años

1. Mi teléfono: …………………….
2. E-mail : ………………………….
3. Asociación Buen Camino:
 <u>buencamino1122@gmail.com</u>
4. Otro Medio de Contacto ……………………..
…………………………………………………
………………………………………………...

Para que puedan contactar a través de la **A.B.C. Asociación Buen Camino,** debes ser Socia ó Socio de esta ONG, **cuyo <u>FIN ÚLTIMO ES</u>** :

---

1. " CONSEGUIR QUE NINGUNA PERSONA CON AUSENCIA Y NECESIDAD DE COMPAÑÍA, ENTRE EN UNA SITUACIÓN DE ANGUSTIA Ó ANSIEDAD POR ELLO ".

---

2. " CONSEGUIR QUE NINGUNA PERSONA ESTÉ SIN HOGAR Y/Ó TECHO Y TENGA CUBIERTAS SUS NECESIDADES VITALES MÍNIMAS DE FORMA DIGNA, SI ES SU DESEO ".

Si dispones de este libro, te consideramos socio/socia nuestro; pero si quieres que actuemos de intermediarios entre tú y alguien, que trate de contactar contigo, porque has dejado el libro de forma Voluntaria en algún sitio para este fin, primero:

- Debes facilitarnos tus Datos para darte de alta en la asociación.
- La persona, si no es Asociada, debe asociarse.

De esta manera, tú también tendrás más tranquilidad con la persona que a tí se dirige.

Te indico cómo puedes Asociarte con Nosotros y colaborar con una labor Muy importante en nuestra Sociedad como es facilitar y Sembrar Esperanza en La Vida de las personas para que la ausencia de compañía No suponga la causa de ningún malestar emocional y personal.

**<u>PARA ASOCIARTE CON NOSOTROS</u>:
ENVÍANOS UNA FOTO CON EL LIBRO A NUESTRO CORREO buencamino1122@gmail.com**

10ª *HERRAMIENTA*

Encuentro Universal

Aquí debes indicar el día y mes de este año 20….. que vas a estar en un lugar determinado, para que la persona que encuentre el libro que tú has dejado, en algún lugar, de forma voluntaria, **acuda si es su deseo**, al lugar que tú le indicas.

Dejas en manos del Universo, quién pueda ó no asistir.

Soy Mujer……   Soy Hombre…….
(pon una " x " al lado)

Mi edad es: …………..

Mis características físicas son:

El día: …… **mes:** ……………..... **año:** ………..

Voy a estar en: (lugar concreto): …………….
………………………………………………………………….

Ciudad: ………………………………….. Hora:…………..
País: ……………………………………………………….

Llevaré la siguiente ropa y calzado.
………………………………………………………………….
………………………………………………………………….
………………………………………………………………….

11ª HERRAMIENTA

EVENTO

Actividad organizada por **José Luis Neira**
Autor de la Trilogía "Buen Camino".

La Actividad que va a Realizar es un **Evento** para, que se conozcan e interactúen muchas personas. <u>Las condiciones para asistir, estará publicado en la Web: www.joseluisneira.com</u>

¡¡ Te invito a que asistas. !!

Yo me llamo………………………….
Tengo …… años.

**ASISTE CON EL LIBRO QUE HE DEJADO
Y ASÍ, TE RECONOCERÉ. PARA SABER QUE ES MI LIBRO,
TE LO FIRMO AQUÍ AHORA MISMO.**

FIRMA:

FECHA:

El Lugar donde va a realizar la Actividad es
………………………………………………………………
………………………………………………………………

Localidad: ………………………………………

Fecha:
Dia ......Mes ....de 20.... Hora:….....

Allí estarás tú, con tu nombre puesto en algo visible, en tu solapa y esperarás a que la persona que encontró el libro y manifieste su asistencia te contacte.

En caso de no asistir a la hora indicada, pasados 15 minutos, podrás conocer a cualquiera de los asociados y simpatizantes que se encuentren en el recinto. <u>Dejas 15 minutos de cortesía</u>.

> **BUEN CAMINO REALIZARÁ ACTIVIDADES EN DIFERENTES LUGARES Y DEPENDERÁ DEL RADIO DE INFLUENCIA QUE TENGA**.

> **IRÁ DE MENOS A MÁS Y SI SE DIVULGARÁ A TRAVES DE SU WEB Y POR REDES SOCIALES Y CUALQUIER OTRO MEDIO DE DIFUSIÓN.**

22 MOTIVOS PARA USAR ESTAS HERRAMIENTAS

22 MOTIVOS PARA USAR ESTAS HERRAMIENTAS

Querid@ Caminante, quiero mostrarte………. los **22 Motivos,** por los que estas Herramientas pueden serte útiles y además, quién sabe,…… te encuentres acompañado ó acompañada para siempre.

1.- **Por ti**.   Para eliminar el Sentimiento de Soledad.

2.- Por tu familia, ella estará bien si tú lo estás.

3.- Por tus amigos y amigas.

4.- Por tus hijos, si los tienes, les gustaría verte bien.

5.- Por un cambio positivo en ti, cuando te relacionas.

6.- Por el bien de todos los que te rodean ó no, pues eres parte de ellos e influyes en sus vidas.

7.- Porque subes la vibración y la Energía de tu cuerpo

8.- Porque te vas a sentir mucho mejor, una persona más realizada y plena.

9.- Por mí también, porque si tú estás bien, yo también lo estoy. Mi objetivo es, que estés en plenitud.

10.- Por la naturaleza, ya que tú formas parte de ella y ella te siente. La Naturaleza percibirá tu energía.

11.- Por el amor qué vas a mover en el Mundo.

12.- Por los animales que quizá tienes a tu lado, tú vibración les afecta y si estás con positividad, es genial.

13.- Por Ser el espejo de quién te rodea. Sé el mejor.

14.- Porque tu alma desea tu felicidad.

15.-Porque el fin último de tu corazón es la <u>contribución con los demás.</u>

16.- Porque voy a grabar vídeos para ti, para poder acompañarte; aunque sea en la distancia.

17.- Porque en cada vídeo voy a hacer que sientas esos momentos de tu vida a través de mi.

18.- Porque vas a sentir cómo tus pensamientos son cada vez más Positivos.

19.- Porque tus Sentimientos irán cambiando a medida que tus pensamientos sean más Positivos.

20.- Porque la Sociedad necesita, que cada persona intente, por sí misma, estar lo mejor posible.

21.- <u>Porque Tú, eres lo más importante.</u>

22.- Porque **Buen Camino**, ONG, asociación, también estará contigo, si lo deseas.

POR QUÉ

Y CÓMO NACE LA ABC

ASOCIACIÓN BUEN CAMINO

ONG

Buen Camino, Nace en Ciudad Real España, Porque observo **una Necesidad**, creo que Vital, de compartir el Tiempo con otras personas.

Porque en mi entorno próximo, madre y amistades, personas que, circunstancialmente, se han quedado sin compañía, por fallecimiento del ser querido ó toma de caminos diferentes.

Porque también por separaciones ó divorcios, existen personas, en pareja e incluso casadas que tienen un sufrimiento y un vacío intenso.

Porque yo, también hay momentos, en los que necesito encontrar personas para compartir mi tiempo; porque es una necesidad vital estar acompañado, acompañada, compartir tu tiempo, experiencias, ser escuchado ó escuchada.

Porque ver Personas sin Hogar en la Calle, tirados y durmiendo en cualquier sitio, pasando frío y calor, a veces hambre, Creo que es una situación, que a nadie nos gustaría padecer y creo en sobremanera que hay que **ACTUAR**.

Siempre que no sea voluntario, claro está; si no por circunstancias personales, que la vida les haya llevado hasta esa situación extrema.

Sus objetivos

1.- EVITAR :

- Un Sentimiento de DOLOR PROLONGADO y de VACÍO, que pudiera llevar a una persona a entrar en un proceso de ansiedad y Depresión.

- Sentirse en un estado de aislamiento; que en ocasiones puede darse incluso estando en compañía de otras personas.

2.- CONSEGUIR :

- Que se extienda por cada Rincón del Mundo, en el que haya personas, con Necesidad de Compañía ó con ese sentimiento de vacío interior, para paliarlo y **llenarlo de ILUSIÓN.**

- Que cada localidad, tenga al menos un **espacio asociativo donde poder juntarse y compartir el tiempo** con otras personas, que necesitan compañía, al igual que tú y que yo.

- Que las **Autoridades** de cada Localidad, **Promuevan Actividades Asociativas** y Vecinales, para Activar la Participación de las personas en ellas y que se sientan parte presente e importante en ella.

- Que **se escuche** a las personas que están sufriendo por aislamiento ó falta de compañía.

- Que se **escuche a las personas sin hogar**, **siendo sus portavoces**, si es necesario, ante cualquier entidad Pública ó Privada, para que tengan un trato DIGNO y acorde con una " SOCIEDAD DESARROLLADA "

- Que a parte de Ser Escuchados, se busquen SOLUCIONES REALES para cada problema.

- Que **cada Ente Social, se responsabilice** de su labor, incluyendo a las Familias, que también tienen su misión y responsabilidad.

- Implicar a toda la Sociedad.

Buen Camino, se inicia creando el Acta Fundacional y sus Estatutos que son aprobados en una Reunión celebrada el día 24 de Enero de 2019, en La Biblioteca Municipal de Ciudad Real; ya que en ese momento no se disponía de sede, ni patrimonio.

La mitad de los Beneficios de este Libro irán encaminados a financiar la Labor de esta Asociación, la otra mitad, irá destinada a seguir promocionando este libro y hacer llegar este mensaje de Esperanza a todo el Mundo; el cual espero, que también Gracias a TI pueda crecer más.

Si has comprado este libro ó te lo han regalado, ya lo has hecho y por ello **te doy**………………

¡¡ LAS GRACIAS DE TODO CORAZÓN !!

Después de que leas este Libro, mi objetivo, es que siempre que necesites compañía tengas a alguien a quien puedas acudir.

Puedes contactar con la ONG por:

- Correo electrónico: buencamino1122@gmail.com
- Teléfono : 601 112 489
- Web de la ONG: En construcción
- Visitando alguna de nuestras sedes de reunión.
        Actualmente en Ciudad Real (Casa de la Ciudad)
- Redes Sociales (Facebook : Buen Camino ONG)

Cada comunidad ó distrito puede tener un teléfono de atención a personas con una necesidad de salir de una situación de ansiedad o estrés; así como de atención a niños o jóvenes, según la edad que tengan.

UNOS CONSEJILLOS SI ME LO PERMITES

Escuchar, también a otras personas, sus vivencias; con las cuales vas a aprender mucho y también te va a ayudar a crecer personalmente.

Esas personas que nos hacen de espejo y con las cuales podemos compartir tiempo, identificarnos con muchas de sus experiencias, personas que nos aporten, personas que nos sumen.

Es conveniente que te alejes de las personas que te restan y te quitan energía, en definitiva te quitan salud a través de las emociones.

Habrá algunas personas, de las cuales no podrás desconectar por cuestión familiar, como por ejemplo hijos, familiares de primer grado, como tus padres, hermanos, abuelos.

Es muy probable que tengas que compartir parte de tu vida con ellos, simplemente debes estar en Ti y en Tu paz interior. Intenta que no te perturben.

Si en alguna cuestión no te apoyan, puedes comprenderlas; aunque no estés de acuerdo con lo que te dicen según tu punto de vista, que es el bueno para ti, <u>ya que es tu corazón, tu intuición y tu alma quién te hablan.</u>

> Alma Y corazón, son tus mejores amigos a la hora de tomar cualquier decisión.
> ### Lo que te dice tu corazón.

    Sin duda debes escucharles; porque sino algo dentro de tu cabeza comenzará a decirte que debías haberlas escuchado, que debías haberles hecho caso. Un **"debería"** puede convertirse en un infierno para ti; por eso un **" lo he intentado y he hecho todo lo que he podido"** es mejor que cualquier **" debería o si hubiera "**.

    Nunca te quedes con la duda, de **saber qué** hubiera pasado, si hubieras hecho tal cosa u otra diferente.

¡¡ TOMA ACCIÓN Y ACTÚA !!

ESCUCHA A TU CORAZÓN

DATOS DE LA REALIDAD DE LA SITUACIÓN DE LA A.C.

"Nacemos solos y morimos solos, y en el paréntesis, la soledad es tan grande, que necesitamos compartir la vida para olvidarla"

Erich Fromm

Actualmente, hay pocos estudios que sobre el aislamiento y la percepción subjetiva de la **ausencia de compañía**, podría ser el motivo, considerar a esta dolencia como una de las más silenciosas y difíciles de detectar.

Querido Lector, querida Lectora cuando hablo de Ausencia de Compañía (en adelante **A.C.**), lo que hago es OMITIR la palabra soledad porque quiero que sea pequeñita y no le demos Fuerza ni protagonismo a ésta.

Recordando las palabras de Jesús de Nazaret:

" y el **Verbo** se hizo carne "

Que nos viene a decir que **la palabra;** lo que decimos se materializa y a menudo es así.

¿ No te ha pasado, que te han sucedido hechos que tú u otra persona nombraron y que pudo ser que no quería que sucediese?

Por ello trato de **No** nombrar en tu Libro esa palabra; <u>porque es eso</u> justamente <u>lo que queremos evitar</u>. Las situaciones que de ella se derivan y sucedieron; por eso a veces decimos, una vez que pasan las cosas, "si lo sé no lo digo".

Cuantas más veces se nombra algo, más Fuerza coge, más Fuerza le damos de manera involuntaria normalmente y si es algún aspecto negativo, lógicamente queremos evitarlo a toda costa.

La Madre Teresa de Calcuta decía:

"No me inviten a una marcha en contra de la guerra, invítenme a una marcha a **FAVOR DE LA PAZ** y seré la primera en asistir "

Evitaba la parte negativa en el Vocabulario para que no cogiese Fuerza y se manifieste; esto es algo que debemos aprender, **hablar** con propiedad y de forma que sea:

EN POSITIVO.

Aunque claro está en ocasiones hay que decir no.

"Los cambios en nuestra sociedad, en nuestra cultura y los cambios económicos, han provocado, que el aislamiento, subjetivo ó no y la falta de compañía produzcan un gran dolor y vacío en parte de la población, donde la edad, así como el estatus social no importa; afecta a todos."

Uno de los ejemplos más claros en nuestra sociedad y en nuestro modo de vida, es el **uso indiscriminado de la telefonía móvil,** que abarca a un amplio espectro de la población desde **los niños cada vez de menor edad, hasta cada vez con mayor frecuencia a los más mayores.**

Aunque son muchos y diversos los motivos que influyen en la <u>aparición de una **necesidad de compañía casi continua**</u>, es conveniente y de gran importancia atender y conocer esa ne cesidad con detalle; sobre todo por las consecuencias que están incidiendo muy directamente en el desarrollo de las personas y la sociedad.

El fuerte impacto en el que la necesidad de compañía es sentida de una manera dolorosa y con un fuerte sentimiento de vacío, la convierte en un **fenómeno de gran relevancia y de atención pública**.

Es por esto, que la <u>necesidad de **actuar**</u> frente a este tema **es vital**, ante las importantes implicaciones tanto físicas como psíquicas, que puede derivar de cara al futuro de la población española.

Si nos fijamos en los abrumadores datos de estudios realizados en Gran Bretaña y en España a través de la Fundación ONCE, <u>ha hecho que nos planteemos la **necesidad de actuar,**</u> como ya te indicaba, en este asunto qué nos afecta a todos.

La mayoría de la población lo sufrirá en algún momento de su vida; el cual si se alarga, podría derivar en alguna enfermedad que complique la vida de las personas

LA A.C. UN ASUNTO DE ESTADO

<u>BBC - Loneliness Experiment</u>
<u>(Experimento sobre la A.C.).</u>

Los resultados de dicho informe se basan en una encuesta hecha a 55.000 personas en todo el mundo, a través de internet. Se llama BBC Loneliness Experiment (Experimento sobre la Soledad). Creado por académicos de tres universidades británicas en colaboración con Wellcome Collection.

LA A.C. UN ASUNTO DE ESTADO

La A.C. (Ausencia de Compañía), un mal contemporáneo mundial, que en Reino Unido es asunto de Estado.

La OMS, en el 2017, alertó de que el Reino Unido era el país europeo con un mayor índice de personas que se sienten solas; por lo que este País creó una **Comisión Gubernamental** encabezada por **Jo Cox** (tristemente asesinada), para establecer un estudio, cuyo diagnóstico dio la razón a la OMS.

En dicho estudio se expone también, que hasta 200.000 personas no han tenido una conversación con un amigo o un familiar en más de un mes. El Gobierno, advierte que el informe, no puede resolver un problema que requiere una "acción concertada". "Los empleadores, las empresas, las organizaciones de la sociedad, las familias, las comunidades y los individuos tienen un papel que desempeñar".

Siguiendo las recomendaciones de la **Comisión de Jo Cox,** recopilaría estadísticas, trabajando en un método para medir la soledad y financiando a colectivos que trabajasen con la conectividad de las personas."

Fruto de ello, La primera ministra británica, Theresa May, anunció en 2018 la creación de un **Ministerio de la Soledad**.

Para este cargo fue nombrada Tracey Crouch, quien se puso al frente, con una problemática que **afectaba en cifras, a 9 millones de personas en ese país** (el 13,7% de la población total).

La periodista Claudia Hammond, quien participó en el diseño y análisis de los **resultados de la encuesta del proyecto de la BBC**, (Experimento sobre la Soledad). :

Explora cinco hallazgos que son inesperados:

1. **Las personas más jóvenes, se sienten más solas que las personas mayores.** Cuando piensas en alguien que se siente solo, el estereotipo que **tienes en mente,** es a menudo el de una **persona mayor que vive sola** y que casi no ve a nadie, pues nadie la visita y le cuesta salir.

El Experimento sobre la **A.C.**(Ausencia de Compañía) de la BBC, el **27%** de los **mayores de 75 años** dijo que, a menudo o muy a menudo, se sienten solos.

 Refleja un porcentaje más alto, del que aparece en otras encuestas.

Los niveles de **A.C.** en realidad **fueron más altos entre los jóvenes de 16 a 24 años**, con un **40%** diciendo que a menudo o muy a menudo se sienten solos.

Esto plantea la pregunta de **por qué** tantos jóvenes, dicen que se sienten solos.

Quizá están más preparados para admitir sentimientos de **A.C.** que las personas mayores, quienes pueden sentir que **necesitan poner en valor su independencia**.

Pero cuando se les preguntó a todos los participantes: **¿En qué momento de su vida se sintieron solos?**, mirando <u>años atrás</u>, la respuesta más común que daban era, que **cuando eran adultos jóvenes**.

Por lo tanto, <u>no es necesariamente la vida moderna la que hace que los jóvenes se sientan más solos</u>, **sino los factores asociados con la juventud en sí.**

Aunque podríamos pensar en las edades de 16 a 24 años como un momento de nueva libertad para divertirse, salir de la escuela y tener más control sobre nuestras vidas, también **es un momento de transición**: mudarse de casa, comenzar la universidad, iniciar un nuevo trabajo, una relación estable.

Todos esos, **son momentos clave**, que **nos alejan de los amigos** con los que hemos crecido.

Al mismo tiempo, muchas personas están en un proceso de descubrir quiénes son y cuál creen que es su lugar en el mundo. (La Numerología es una Herramienta aquí)

Además, las personas no están acostumbradas a estos sentimientos de **A.C.** y aún no han tenido la experiencia de <u>saber que ocurren a menudo</u> o, al menos, no han tenido la oportunidad de encontrar formas de <u>lidiar con esos sentimientos,</u> como **distraerse** o empezar a **buscar una pareja, según el caso.**

Es IMPORTANTE, que cada persona descubra su <u>PROPÓSITO de Vida</u>, **para seguir un Camino acorde con sus Sentimientos más profundos.**

2. El 41% de las personas piensa que la A.C. puede ser positiva.

Este hallazgo coincide con las teorías de pensadores como el difunto neurocientífico John Cacioppo, que creía que:

> **Evolucionamos para experimentar la A.C**. porque **puede ser útil**, aunque sea muy desagradable."

Los seres humanos han sobrevivido formando grupos cooperativos.

Si las personas sienten que están siendo excluidas de un grupo, los sentimientos de **A.C.** podrían llevarlos **a esforzarse por conectarse con los demás**, a encontrar nuevos amigos o a revivir viejas relaciones.

El problema es que esa situación se puede volver crónica y puede tener **un impacto serio en el bienestar** y quizás incluso en la salud.

Los sentimientos de **A.C.** crónica se asocian con un mayor riesgo de padecer depresión tras un año de empezar a experimentarla.

LA CLAVE ESTÁ EN NO DEJAR QUE ESTE SENTIMIENTO ARRAIGUE EN NUESTRO INTERIOR Y HACER TODO LO POSIBLE POR DISTRAERSE, CON CUALQUIER COSA QUE TENGA TU MENTE OCUPADA EN ESA ACTIVIDAD

3. Las habilidades sociales de las personas que se sienten solas, no son peores que las del promedio.

En ocasiones se puede creer, que las personas que sienten **A.C.** están así porque les resulta difícil hacer amigos y, por eso, se piensa, que ayudarlas a mejorar sus habilidades sociales, marcaría la diferencia.

Esto no fue lo que se encontró al analizar los resultados de la encuesta. Un elemento **clave de la interacción social** es **la <u>capacidad de percibir lo que otras personas están sintiendo,</u>** para poder responder de manera adecuada a esa percepción.

Quizás las personas con las que estamos interactuando, están preocupadas por algo o **quizás puede ocurrir que, las hemos ofendido sin darnos cuenta**.

Una forma de medir esta habilidad es, <u>darles a las personas imágenes de una serie de rostros o incluso de ojos, para evaluar</u> si tienen buena capacidad, para <u>determinar qué emoción,</u> están experimentando esas personas en las fotos. Ello nos puede decir cómo viven algunas emociones.

Lo importante, es con **empatía**, ponerse en la piel de la otra persona y así, a buen seguro encontraremos una manera de poder ayudar a la persona que tenemos enfrente, aportándole y cubriendo algún aspecto emocional que demanda.

4. El invierno no te hace sentir más solitario que otra época del año.

En el período previo a la Navidad, a menudo se ven campañas de organizaciones benéficas en las que se ven adultos mayores solos y aislados.

> Las personas que **se sienten sin compañía,** lo padecen en todas las estaciones del año no solo en invierno.

Es un día del año en el que las personas tratan de reunirse con sus seres queridos para celebrar su encuentro; por lo que la idea de que sea el día en concreto, solo es algo que mucha gente evitaría.

La comediante británica Sarah Millican lleva a cabo una muy exitosa campaña en Twitter, conocida como #joinin y busca, que las personas que se sienten solas durante el día de navidad, puedan conversar entre sí.

Y si vives en el hemisferio Norte, entonces la Navidad también cae en el medio del invierno, cuando los días son más cortos y l**a gente se queda más tiempo en espacios cerrados**, lo cual **aumenta la sensación de aislamiento y** si ya de por sí, te sientes sin compañía, la cosa se complica.

Pero se observó, que para muchas personas que se sienten **A.C., el invierno, no es peor que en cualquier otra época del año**.

<u>**Preguntando**</u>**: En qué momento del año y en qué momento del día, se sentían más solos** ....

Los resultados obtenidos fueron:

1. **Más de dos tercios** de las personas, dijeron que el **invierno no era más solitario** que cualquier otra época del año.

2. La minoría de personas que dijeron, que una época del año en particular los hacen sentir más solitarios, eligieron el invierno, pero **otro grupo minoritario incluso eligió el verano**.

En Navidad, muchas personas hacen todo lo posible para asegurarse, de que todos sus allegados estén incluidos, invitando a los amigos que saben pueden llegar a estar solos.

Pero **en verano**, si todos los demás se van de vacaciones, es posible que alguien se quede atrás.

Entonces, tal vez deberíamos comenzar a preguntarnos si **otras personas podrían sentirse solas todo el año**, en lugar de solo en Navidad.

La realidad es, que gran número de personas que sienten esa ausencia de compañía no deseada, sufren en silencio esa situación; por ello, es importante por parte de familiares y amigos, una detección lo más temprana posible para poder encontrar una solución.

5. Las personas que a menudo se sienten A.C. tienen niveles más altos de empatía que muchas personas :

<u>La Empatía: como capacidad de ponerse en el lugar del otro</u>

Valorando **dos tipos de empatía**:

1.- <u>Empatía por el dolor físico</u> <u>de los demás</u>:

Cuánto realmente lamentas, que alguien accidentalmente se haya lastimado la mano, cuando la puerta se cerró, o cuando alguien cogió una sartén hirviendo o una avispa le picó.

2.- <u>Empatía por el dolor social de otros</u>

Por alguien que ha sido acosado o intimidado en la escuela, por una persona a la que su pareja la abandonó, ó una persona que vive en la calle, porque No tiene un hogar.

" No hubo diferencia en la empatía por el dolor físico "

Entre las personas que se sentían más o menos **A.C.**

Pero <u>las personas que dijeron, que a menudo o muy a menudo se sentían con **A.C.**,</u> fueron sin duda, más sensibles a<u>l dolor social.</u>

Tal vez, porque **han experimentado por sí mismos lo que se siente quedarse fuera**, se identifican más con otras personas que se encuentran en la misma situación.

EL SENTIMIENTO DE

AUSENCIA DE COMPAÑÍA

CAUSA SERIOS PROBLEMAS

EN NUESTRA SALUD

El Sentimiento de A.C. causa serios problemas de salud en adultos mayores.

Aunque este fenómeno **no distingue edades**, los más afectados son las personas mayores.

Se estima que en Inglaterra, **la mitad de las personas de 75 años viven solos**, lo que equivale a unos 2 millones de personas

Muchos de ellos dicen, que **pasan días, incluso semanas, sin ningún tipo de interacción social.** Esto, causa en su organismo un sentimiento de aislamiento y soledad, que a menudo hace enfermar a las personas.

Una de las acciones que planea encarar el gobierno británico es diseñar un **método para medir la Ausencia de Compañía A.C.** En segundo lugar, definir acciones en consecuencia, de modo que este sentimiento, grave para la salud, se diluya al máximo.

¿ Por qué la A.C. nos enferma ? :

Se está empezando a tomar conciencia en la llamada " **Sociedad Avanzada** ", que no es una situación de malestar nada más; sino que es algo más profundo y **que afecta seriamente a la salud y a la vida en sí.**

Porque Es Perjudicial como el tabaco.

Informes publicados en 2017, daban cuenta de que **la soledad (A.C.) es tan perjudicial para la salud como fumar 15 cigarrillos al día**. Con lo cual podemos percibir el gran alcance que este sentimiento puede producir en La Salud de la Persona.

Este problema también afecta a otros países de Europa Y **España no es la excepción;** cada vez hay más personas mayores que viven solas y cada vez, son más las personas mayores que <u>fallecen solos en su domicilio.</u>

Los riesgos de un descuido doméstico que acabe en un incendio también aumentan en el caso de los mayores que viven solos. En un país que envejece a ritmo acelerado, uno de cada tres mayores de 75 años está en esta situación.

Una caída o un accidente doméstico lejos del teléfono con el que poder llamar a Emergencias para una atención por grave riesgo de salud, puede ser fatal.

Actualmente se está poniendo de moda una práctica ya usada hace años por algunas comunidades.

Personas que a una cierta edad, deciden **hacer viviendas en barrios, para compartir zonas comunes,** como salones para comer en comunidad, compartir tiempo y evitar verse solos cuando se llega a una edad que llegue a una dependencia de otras personas para llevar su vida.

En ocasiones se lanzan a compartir piso, como la famosa serie de los años 80 " **las chicas de oro".** Es una forma de compartir la vida estando en compañía; la cual te expongo en un apartado más adelante.

Esta situación es aplicable a personas de cualquier edad en las cuales se produzca ese sentimiento de necesidad de Compañía; que en ocasiones ocurre y también es grave, sentirse solo estando acompañado.

Lo que preocupa es EL SENTIMIENTO EN SÍ.

Muchos la asocian a un **sentimiento subjetivo** e **involuntario**, que implica una <u>pérdida del contacto y la relación próxima</u> con los demás, **<u>ligada al dolor, al sufrimiento, a la angustia, a la ansiedad, etc.</u>**

Otros la entienden como:

"un sentimiento de desagrado o de duda, un desencuentro entre lo deseado y lo vivido, la falta de intercambio con el otro, la falta de relaciones estrechas donde afloran otras sensaciones como tristeza, miedo, ansiedad, temor, nostalgia"
(Cardona, J., 2010).

Impacto en la Salud

<u>Sentir Ausencia de Compañía puede afectar tu salud física</u>:

- Puede hacerte sentir tan poca cosa y angustiado, que cuando se extiende en el tiempo puede ser difícil verle un lado positivo a la VIDA.

- Llevarte a una depresión de la cual cuesta siempre salir.

- Aislamiento Social.

- Puedes entrar en una Demencia temprana.

- Problemas de hipertensión

- Ese Sentimiento, si es profundo, puede afectar a tu sistema inmunológico y ser más propenso a enfermar, es tan perjudicial para la salud como fumar habitualmente.

\- Aumenta incluso el riesgo de infarto, además de muerte.

La Buena Noticia, es que de esto se puede salir; pero primero <u>debes hacerte consciente de ello</u>, No sucumbas a la tristeza, ni te dejes llevar por el desánimo.

Si te gustan los animales de compañía y puedes mantenerlo y darle los cuidados necesarios; no dudes en tener uno.

¡¡ BUSCA, BUSCA Y BUSCA COMPAÑÍA !!

DEBES EXPRESARLO A TU FAMILIA
Ó A PERSONAS CERCANAS.

INVESTIGACIÓN SOBRE LA AUSENCIA DE COMPAÑÍA

La Fundación ONCE y la Fundación AXA han permitido que los ciudadanos podamos conocer su investigación; gran Trabajo realizado, dentro de los escasos estudios existentes.

La investigación realizada, no radica solo en el conocimiento por el conocimiento, en investigar una problemática poco estudiada y que sin embargo parece estar aumentando en la sociedad actual.

Lo que se plantea, es proponer <u>líneas de actuación,</u> **políticas** para ser aplicadas tanto por los **particulares**, los **ciudadanos**, como por **organizaciones** e **instituciones privadas** y por las **instituciones y organizaciones públicas**.

Según se plantea, se trata de una investigación para **para saber y actuar**, siguiendo la máxima que hizo famosa :

Augusto Comte, "saber para prever, para poder"

Para poder actuar, se supone y poder actuar en consecuencia a la problemática que se plantea en cada caso.

La literatura científica sobre la incidencia de la Ausencia de Compañía en la sociedad española es muy escasa, y además, suele confundir **"aislamiento social"** con **"soledad"**, por lo que se atribuye casi en exclusiva, a los individuos que viven solos o que apenas tienen relaciones sociales, cuando es cierto que **<u>muchas personas que viven en compañía sienten igualmente la soledad.</u>**

Este tema, no es sólo cosa de mayores, ni de mujeres, sino que está afectando a personas de muy diversa condición:

- Hombres,

- Jóvenes,

- Adultos,

- Personas con grandes responsabilidades

También ocurre en personas con alguna discapacidad.

Tampoco todas las personas con alguna discapacidad sienten la soledad de igual manera ni con la misma intensidad.

> **Ciertamente, la ausencia de compañía, se siente en cualquier estamento social y condición.**

La Ausencia de Compañía, un mal contemporáneo mundial que en países como el Reino Unido es considerado ahora asunto de Estado.

El estudio realizado por estas Fundaciones, a través de una minuciosa recopilación de información y datos estadísticos, proviene de entrevistas en profundidad a expertos en la materia y encuestas a la población.

El objetivo era evaluar el fenómeno de la soledad, conocer los principales factores asociados, analizar las consecuencias que derivan de la misma, así como los instrumentos necesarios que permitiesen mitigar o combatir los sentimientos de soledad y aislamiento en la población española.

En dicho estudio se muestran, características referidas a la Ausencia de Compañía de la situación en el país, tales como:

- Los españoles ante la soledad.
- Los que viven solos y los que viven acompañados.
- Vivir solo/a como decisión voluntaria ó necesidad.
- Aislamiento y soledad definición.
- Las causas del aislamiento.
- Las causas de la soledad.
- Reacciones ante la soledad.
- Satisfacción con la vida.
- Grupos sociales más proclives a padecer soledad.
- Respuestas sociales para paliar la soledad.

La Ausencia de Compañía, es un tema que ha sido de gran preocupación a lo largo de la historia, pero de reciente interés científico: la soledad (o "loneliness" en inglés) es entendida como un sentimiento complejo ligado a múltiples aspectos, causas y significados, que han ido variando en el espacio, en el tiempo e incluso en los diferentes contextos en los que se ha podido manifestar.

Desde los diferentes ámbitos, a pesar de constituir un fenómeno que entraña una variedad conceptual muy amplia, las diversas aproximaciones que se hacen al mismo, tienen una misma naturaleza a la hora de referirse a la soledad:

La ausencia o falta de relaciones interpersonales.

El ser humano, como <u>ser social</u>, tiene la <u>necesidad natural de crear vínculos y relaciones sociales afectivas con los demás</u>, no sólo como parte de su conducta natural para forjar su propia identidad, sino porque no es capaz de atender sus necesidades si no se comunica, comparte y vive en sociedad.

Esta idea fue establecida por Aristóteles y Tomás de Aquino, quienes apuntaban que "el hombre es social por naturaleza; es decir, que el origen, ó fundamento de la sociedad, radica en la propia naturaleza humana que tiene en la sociabilidad una de sus características esenciales".

El término "soledad", cuando surgió por primera vez en torno al siglo XIII, no se asociaba a un significado negativo, sino que representaba "la situación de una persona que está sola de manera momentánea o durable y asociado al aislamiento, al estado de abandono y a la separación" (Muchinik y Seidmann, 2004).

Esta concepción entendía que los estados de soledad no sólo evocaban tristeza, pérdida o sufrimiento, sino que respondían también al disfrute y a la satisfacción de poder experimentarla. De esta manera, los que perciben esa carencia afectiva son los que manifestarían el sentimiento de estar solos y aislados, y los que declaran estar solos, porque así lo esperan, serían quienes no experimentarían esas emociones negativas.

Citado en: http://recursos.cnice.mec.es/filosofia/pdf/sociedad.pdf

La soledad(**A.C**), no obstante y aunque los conceptos varían, generalmente ha tendido a mostrarse como un elemento negativo, a la vez que perjudicial para el individuo, cuando además aparecen aspectos como el aislamiento o la falta del sentido de la vida.

A menudo se asocia a un sentimiento subjetivo e involuntario, que implica una pérdida del contacto y la relación próxima con los demás, ligada al dolor, al sufrimiento, a la angustia, a la ansiedad, etc.

Algunos la entienden como "un sentimiento de desagrado o de duda, un desencuentro entre lo deseado y lo vivido, la falta de intercambio con el otro, la falta de relaciones estrechas, donde afloran otras sensaciones como tristeza, miedo, ansiedad, temor, nostalgia"   (Cardona, 2010).

Otro autor, hace referencia a la existencia incluso del "Síndrome de la Soledad", defendido por diferentes autores y entendido como "un estado psicológico que sucede a consecuencia de pérdidas en el sistema de soporte individual, disminución de la participación de las actividades dentro de la sociedad a la que pertenece y sensación de fracaso en su vida" (Bermejo, 2010).

Desde el ámbito de la psicología, una de las primeras definiciones del concepto de soledad, si no la más antigua, la realizó Sullivan, quien la entendía, como un estado, producto de la falta de intimidad interpersonal.

En esa misma idea, Young añadía que es "la ausencia real o percibida de relaciones sociales satisfactorias, que pueden ser acompañadas por manifestaciones de distress psicológico".

Las autoras Muchinik y Seidmann estiman que la soledad, es esa realidad que <u>expresa una ausencia</u> y es la consecuencia de esa carencia y de ese apoyo social insatisfactorio, el que motiva la producción de emociones que, dependiendo de la percepción que se tenga de esa situación, pueden ser positivas o negativas.

A la vez son esas emociones las que determinan y definen la interacción con los demás, porque la soledad afecta directamente a la conducta humana. Es por este motivo que, según algunos modelos, la parte subjetiva de la soledad proviene de la construcción del "yo" de cada individuo y de la perspectiva e imagen que se tenga de uno mismo frente al otro.

Muchinik y Seidmann 2004

Las personas que se sienten solas, además, cuentan con menores habilidades sociales y sienten una falta de confianza y de seguridad en ellas mismas.

Citado en http://www.redalyc.org/pdf/582/58212404.pdf

Las teorías psicoanalíticas más modernas, defienden que las personas que han sufrido la pérdida de una figura amada, independientemente de la manera que sea, tienden a sentir más esa sensación de pérdida o abandono que produce la soledad (Quinodoz, 1993).

Otros autores, consideran que es una percepción subjetiva que aparece en el individuo cuando hay una deficiencia y una distancia entre las relaciones o vínculos deseados y los reales. Esta idea era la defendida por Peplau y Perlman, quienes concebían que en esa insatisfacción individual, originada por una expectativa deseada no cumplida, era donde se manifestaba esa soledad.

Otro de los modelos que explica el surgimiento y desarrollo de la soledad lo encontraríamos en la teoría del apego, propuesta por John Bowlby (Muchinik y Seidmann, 2004). Esta línea plantea que los lazos afectivos de apego, cuando son cercanos, positivos y fuertes desde la niñez, originan relaciones interpersonales positivas en posteriores etapas vitales.

Según esta línea, durante los primeros estados del proceso de socialización, el individuo tiende a buscar la relación próxima con las personas que le protegen. Bowlby considera que "el apego es una propiedad de la relación, no de la persona".

La fortaleza y mantenimiento de ese apego, sería lo que actúa directamente en la formación de una seguridad en uno mismo, en desarrollar una buena salud mental, en la estabilidad psicológica y en la capacidad de saber gestionar determinadas situaciones difíciles a lo largo de la vida.

Si bien, desde este punto de vista, puede ocurrir, que hechos aislados, puedan originar sentimientos de soledad. Según este modelo teórico, hay una clara relación entre el surgimiento de estas emociones, cuando no ha existido, durante la niñez, un apego ligado a una sensación de seguridad.

Las principales aportaciones acerca de este concepto, las realizó el científico social **Robert Weiss**, considerado el teórico por excelencia acerca de la soledad, quien considera, que la soledad, es "una respuesta ante la ausencia de una provisión de relación particular".

Weiss estableció además, la diferenciación entre: **Soledad emocional y Soledad social.**

La Soledad Social: representa la <u>ausencia de apego emocional y de relaciones afectivas con otras personas.</u> Esta idea, también desarrollada por Bowlby, implicaría la búsqueda de la proximidad de personas con el apego, desarrollado primero durante la niñez con la figura de los padres, pero integrando a otras durante el resto del ciclo vital.

Citado en http://www.redalyc.org/pdf/582/58212404.pdf
http://www.uv.es/seoane/boletin/previos/N108-1.pdf

Las personas establecen vínculos cercanos e íntimos, que generan protección y seguridad, lo que en caso de perderlos origina la angustia, el miedo, el dolor, y en definitiva, la soledad subjetiva de la persona.

Muchos los autores apuntan a que "la soledad es un fenómeno asociado a la calidad de las relaciones interpersonales". Por eso, hay diferencia con la denominada **Soledad. emocional.**

<u>La Soledad social</u>: Se encontraría más <u>ligada a la cantidad y calidad de las relaciones sociales,</u> y alude más bien a la falta del sentido de pertenencia o integración a una comunidad o red social.

Según esto, aunque ambos tipos de soledad son complementarios, la principal <u>diferencia reside precisamente en la idea del apego</u> y va a depender del sentimiento que cada persona obtenga en su vivencia de esta Ausencia de Compañía.

En caso que una persona, pueda <u>experimentar **soledad social**</u>, esta <u>no tiene por qué influir, en la aparición de la llamada</u> **soledad emocional**, puesto que, **la carencia de afecto**, en muchos casos, no se puede reemplazar por nada.

Hay que observar que, **<u>el apoyo social</u>** con el que puede contar una persona, **sí** que <u>podría solucionar la adquisición de soledad emocional en el momento en el que el individuo establece relaciones interpersonales fuertes de apego.</u>

Esto se debe a que cuando hay una falta en una relación interpersonal específica, como bien puede ser la pérdida de un ser querido, el individuo depende de la provisión social aportada por los vínculos sociales.   (Muchinik y Seidmann, 2004).

De esta manera, según estas aportaciones, la A.C. tendría como elementos: la falta de interacción social desde el punto de vista cuantitativo (cantidad) o cualitativo (calidad).

La percepción subjetiva que cada persona tiene de las relaciones o de las redes de las que dispone y la experiencia de ser un fenómeno emocionalmente negativo ó no.

La soledad (A.C.), es "un fenómeno multidimensional psicológico potencialmente estresante; resultado de carencias afectivas, sociales y/o físicas, reales o percibidas, que tiene un impacto diferencial sobre la salud psicológica y física de la persona".

(Montero, López y Sánchez Sosa, 2001).

Dependiendo del criterio que se utilice, la **A.C.** cuenta con diferentes clasificaciones:

A.	**Positiva o Negativa**. Desde el <u>punto de vista subjetivo</u>.

B.	**Crónica, Situacional o Transitoria**. Desde la <u>perspectiva de la temporalidad.</u>

C.	**Familiar, Conyugal, Social, etc**. Desde <u>las Relaciones sociales.</u>

(soledad, Ayuntamiento de Madrid, 2008).

Teniendo como referencia la clasificación elaborada por Ramona Rubio y Manuel Aleixandre. Nos fijaremos en dos dimensiones del tema que nos ocupa y que serán además la base del Estudio a que se refiere este capítulo.

1. **La soledad objetiva**: que hace referencia a la que es Permanente, real, sin compañía y perdura en el tiempo.

2. **La soledad subjetiva**:   que se refiere a la soledad Sentida; es decir la que tu cuerpo percibe y siente, independientemente de la situación que tengas   en dicho momento ó de las personas que estén a tu alrededor.

Desde esta perspectiva, el significado de "estar solo" implicaría el aislamiento social, la falta de compañía, la carencia de redes sociales, que no siempre se vive como una experiencia desagradable, sino que también puede darse desde la búsqueda personal como algo enriquecedor.

Normalmente, <u>el **sentimiento** que realmente se asocia a la soledad más perjudicial y negativa es</u> el **"sentirse solo"**, al representar un **sentimiento no buscado** y en el que aun contando con una red de apoyo social, el individuo puede experimentar sensaciones de tristeza, nostalgia, miedo o dolor.

(IMSERSO, 2008).

La Ausencia de Compañía, es una experiencia que muchos remarcan como algo diferente al aislamiento, pero hay que destacar que son, igual de desagradables para el individuo.

Mientras que el **aislamiento social**, es también conocido como "<u>social withdrawal</u>", hace referencia, a la <u>ausencia involuntaria de contactos sociales</u>.

La Ausencia de Compañía, desde un punto de vista más subjetivo, alude a la manera de experimentar interiormente esa falta de interacciones sociales.

Si bien, para los griegos era impensable imaginarse al hombre en estado de aislamiento, algunos de los pensadores actuales, afirman que, precisamente lo peor de la soledad en nuestro tiempo, es esa separación que el individuo puede experimentar del entorno.

La diferencia entre "estar solo", "estar aislado" y "sentir soledad" es clara, aunque se encuentran íntimamente interrelacionados.

Una persona puede estar sola y no experimentar sentimientos de soledad, y aunque esta visión puede estar muy relacionada con el aislamiento, se concibe como algo que se hace de manera voluntaria.

El aislamiento social, sin embargo, está motivado por la necesidad o la intención del individuo de poseer vínculos sociales con otras personas, sin tener éxito.

De esta forma, **el aislamiento** desde la elección, sería "estar solo" y desde la obligación, favorecería la aparición de la soledad, entendida como una emoción negativa de vacío interior.

Las personas que viven en estas condiciones, además, suelen verse envueltos en otros problemas o situaciones desencadenantes, como:

- **El abandono de cualquier tipo de actividad social** durante un periodo de tiempo del mundo exterior.

- **La Desilusión por la vida**, que suele llevar a la depresión y otras enfermedades mentales o experiencias que pueden llevar incluso al suicidio.

(IMSERSO, 1998).

Es apreciable y de notoria importancia, los vínculos y las relaciones interpersonales sanas, como una manera de satisfacción de la persona, que apaga las sensaciones de soledad en quien la padece, en mayor ó menor grado.

Se observa, cómo en los últimos años la A.C., se ha empezado a considerar un tema de interés científico, ante la alta incidencia que está suponiendo este problema en la población en general.

La **A.C**. (soledad), **es una experiencia que puede padecer cualquier persona y en cualquier sector social.**

Puede que en la actualidad, sea recurrente decir, que la soledad se encuentra ligada a la vejez; pero este fenómeno, no entiende de personas, ni de tiempos, ni de espacios. Como se aprecia, la A.C., contiene diversas situaciones ó circunstancias relacionadas que fomentan su aparición.

La forma en que interactúan los diferentes sucesos, acontecimientos o factores, junto con las características particulares de las personas que la sufren, dan respuesta en muchos casos, a las diferentes variantes que se pueden dar de la soledad.

Por ejemplo, diferentes estudios consideran la fuerte relación que existe entre Ausencia de compañía (A.C.) y salud, sobre todo durante la vejez; ya que normalmente, cuanto más avanzada es la edad, más aumentan los problemas de salud.

Es más, aparece más fuerte la relación entre soledad y salud que entre edad y soledad, puesto que la percepción que se tiene del estado de salud se ve influenciada cuando existen….

sentimientos relacionados con la soledad. De esta manera, los que se sienten más solos son los que además se sienten más enfermos.

La percepción psicológica, que cada persona tiene de sí misma y de las relaciones sociales que mantiene, va a ser algo crucial; ya que desembocará en la forma de asumir y afrontar emocionalmente la soledad.

Conocer el nivel de bienestar social y emocional que poseen las personas que sufren sentimientos A.C es clave para saber, qué estrategias se pueden aplicar para intentar solucionar este problema.

En Este Libro te doy 11 Herramientas y consejos que puedes utilizar para relacionarte con otras personas afines.

Algo que influye en ciertos casos, son las <u>redes sociales; siendo primordial que las relaciones encontradas por este medio, sean de calidad.</u>

Otras **variables** a tener en cuenta son:

1.- <u>Sociodemográficas</u> como la edad, el sexo, el estado civil e incluso el contexto laboral, económico, residencial, en el que se rodea.

2.- <u>Factores disposicionales</u>, hacen referencia al nivel de satisfacción que posee la persona, sobre esas relaciones sociales, medido entre lo que desea o espera y lo que realmente es.

La A.C., no es equivalente a aislamiento social.

Como anteriormente comentaba, la A.C...la **puede experimentar cualquier persona de cualquier edad**, dependiendo de los factores que operen. Es destacable que la mayor parte de los estudios que se han realizado, se han basado en analizar los estados de soledad en las personas mayores.

El principal motivo de que esto sea así, es porque representan los porcentajes más elevados de soledad; pero también, porque son los que manifiestan esta dolencia como el **principal temor**, según las encuestas del IMSERSO en 1995.

Según este enfoque, claramente las personas mayores, con **la llegada de la vejez**, unida a una serie de **cambios vitales**, que pueden llevar **otros factores añadidos**, **pueden** llevar ó avocar a las personas, en una dura situación de soledad.

La A.C., Catalogada por Toumier como **"la enfermedad más devastadora que afecta a la vejez"**, ha provocado que se hayan realizado estudios, que se han ocupado de una manera amplia de este fenómeno en este colectivo concreto.

Centrados en el **análisis** de las diferentes situaciones que conllevan a la **soledad objetiva**, hasta la **medición** de las **dimensiones subjetivas** que, durante el proceso de envejecer, perciben las personas mayores que experimentan **soledad sentida** hay :

Diferentes estudios sobre otros colectivos
que se han centrado en el análisis del aislamiento y la soledad desde otro punto de vista como:

- **El Género**

- Los Jóvenes y adolescentes
- Las mujeres
- las personas sin hogar

> **La percepción que cada persona tiene de sí misma y de las relaciones que le acompañan, determinará en gran parte la manera de asumir y afrontar emocionalmente la A.C.**

"De modo que, conocer el nivel de bienestar social y emocional que poseen las personas que sufren sentimientos de A.C., es clave para saber los mecanismos y estrategias de resolución de este problema."

Citado en Fernández, et al, 2013, La soledad en España.

El Estudio de las Fundaciones concluye diciendo:

"La ciudad ha cambiado los modos de vida y las estructuras habituales de la existencia de las personas, la familia, la vecindad y la organización del trabajo. Hace falta una nueva orientación, una nueva sensibilidad, un cambio de perspectiva, que remueva las condiciones sociales y ambientales que generan la epidemia de la soledad."

> **SOLUCIONA Y CORTA ESTE SENTIMIENTO ¡¡ YA !! SI ES QUE LO TIENES.   EVITA ASÍ ENFERMAR.**

IMPORTANCIA DE LAS RELACIONES SOCIALES EN LA AUSENCIA DE COMPAÑÍA A.C.

La problemática tratada, interesa a la sociedad en su conjunto, entre otras razones porque, <u>los individuos, los ciudadanos, pueden y deben contribuir a paliar, reducir, tratar, la soledad entre sus familiares y amigos y en la sociedad en general.</u>

Aunque la mayoría de los expertos exponen cierta dificultad a la hora de definir la A.C., por la serie de condicionantes y variables que entraña, **<u>están de acuerdo a la hora de afirmar que "es una de las peores sensaciones que puede tener el ser humano".</u>**

Vivir sola ó solo, no significa vivir aislado socialmente, ni tampoco conduce necesariamente a la soledad. Concretamente, no es lo mismo vivir solo por decisión propia, voluntariamente, que vivir solo porque no se tiene con quien convivir.

Igualmente, vivir acompañado no significa tener muchas relaciones sociales (aparte, claro está, de las personas con las que se convive), ni tampoco significa estar libre frente a la soledad. Se puede vivir muy acompañado y sin embargo, sentir la soledad.

Como es sabido, le puede suceder a toda clase de individuos; hombres y mujeres, jóvenes, adultos y mayores, parados y ejecutivos de grandes empresas, etc. La A.C., puede actuar y sentirse en cualquier ámbito y en cualquier persona.

Las relaciones sociales, **el no aislamiento**, <u>puede lograrse por las relaciones entre personas cara a cara ó también a través de otros medios, sobre todo tecnológicos.</u>

NO TE AÍSLES SI TE SIENTES SOL@, BUSCA RELACIONARTE.

En las sociedades tradicionales el contacto, la relación social, era mayoritariamente interpersonal.

En la actualidad las **<u>relaciones sociales</u>**, se pueden dar a través de **medios de comunicación** (teléfono fijo o móvil, junto a todas las modalidades que ofrece el sms, whatsapp...), **internet** (correo electrónico, skype), o a través de **redes sociales** (Facebook, Twiter, Youtube...), como más utilizados.

Pero las **<u>relaciones sociales</u>**, también se dan con la utilización de **medios de transporte**, públicos o privados, e incluso **Viajes Organizados**.

<u>Viajes Organizados</u>

Este tipo de viajes, puede ser también una <u>herramienta muy útil</u> a utilizar; ya que se interactúa de una forma bastante eficaz durante el trayecto y duración del viaje. Dependerá de la distancia y duración, el tipo de relaciones que se puedan dar.

La experiencia vivida y observada en personas tan allegadas como mi Madre, me hacen recomendar esta opción como una de las más aconsejables y sanas, tanto a nivel personal como emocional.

Cuando mi madre enviudó en 2006, con 72 años, el mundo se le vino abajo, entró en depresión y pensaba que morirse era la mejor opción. Afortunadamente tenía pagado un viaje desde hacía meses con mi padre, que, claro está no pudo realizar.

Se negaba a realizar el viaje, no tenía ánimos para ello; pero la insistencia de mi hermana, hizo que cogiera el autobús a

Madrid, dirección al aeropuerto donde cogería un avión rumbo a Canarias.

Ya nada más llegar al autobús, el destino quiso que conociera a un señor, que le tocó en el asiento de al lado y junto a un pequeño grupo de personas del viaje, comenzaron a entablar una amistad, que fueron rompiendo la dinámica de la depresión, hasta hacerle sonreír cada día y salir de la tristeza, que la Ausencia de Compañía de mi padre, le había causado.

Yo estaba feliz, porque de nuevo mi madre tenía ilusión por vivir y salir con las personas que había conocido en ese viaje. Abandonó el estado de depresión y tristeza. Su vida cambió para bien, en ese viaje.

Actualmente, mi madre con 85 años, se encuentra con gran vitalidad, ánimo y realizando viajes siempre que puede, allí interactúa con personas afines y se le olvida incluso tomar medicación, porque viajando su cuerpo está en Alegría.

Por ello, si mi madre pudo salir de ese dolor, Tú también puedes, si es que estás en esa situación de querer "salir del pozo", para llevar una vida más alegre y en consonancia con lo que toda persona desea experimentar y vivir…La Alegría.

Hablando de Alegría, el próximo libro que he escrito para ti, es, el cual espero que pueda servirte también y ser de utilidad. Ese es mi objetivo, que tengas buen camino, en alegría y si lo deseas, también en compañía.

Por tanto, la soledad, cada vez depende menos de que se viva solo o no, pues incluso los que viven solos contra su voluntad, tienen posibilidades de interactuar y relacionarse con otras personas, <u>a través de los medios que ofrecen las nuevas tecnologías de la informática, la comunicación y el transporte</u>.

Está claro que, cada situación personal es diferente; pero hay un denominador común en la A.C., que es sufrimiento y dolor emocional, que se transforma al final en algo físico y autodestruye a la persona.

Utilizando este libro, puedes poner en práctica ideas, para salir de ese estado no deseado.

La familia, según decenas de estudios internacionales, con participación de centenares de países, demuestran que la familia es mejor evaluada que la política, la religión, el trabajo, etc. en países de los cinco continentes.

Los familiares, son la principal fuente de ayuda para lo que sea, desde la búsqueda de trabajo a la ayuda económica en épocas de dificultades, o también en épocas de crisis personales.

En ocasiones, como se comprobado, desde la ONG Buen Camino, fallan las familias y es ahí donde tienen que actuar otros agentes sociales, Ayuntamientos y Organizaciones sin ánimo de lucro, como Buen Camino, que sólo se financia con pequeñas donaciones y a partir de ahora, con la venta de este libro, con el que TÚ TAMBIÉN ESTÁS COLABORANDO.

QUIERO DARTE LAS GRACIAS DE TODO CORAZÓN
EN NOMBRE DE LAS PERSONAS A LAS QUE VAS A
AYUDAR. PERSONAS EN SOLEDAD Y PERSONAS
SIN HOGAR QUE DUERMEN EN LA CALLE.

Un Problema Social

ENVEJECIMIENTO DE LA POBLACIÓN

VIVIMOS MÁS AÑOS PERO, VAMOS A TRATAR QUE SEAN FELICES

"la ausencia real o percibida de relaciones sociales satisfactorias, que pueden ser acompañadas por manifestaciones de distress psicológico".
Karl Young

Las proyecciones demográficas están obligando a los diferentes Países a anticiparse al desafío del envejecimiento. Cada vez habrá más personas mayores que vivan solas, muchas por elección, otras por obligación.

En países que se denominan desarrollados, puedes encontrar incluso que 4 de cada 10 hogares están habitados por una sola persona y en muchos casos es alguien de más de 65 años, de las cuales hay una mayoría amplia que son mujeres.

En 2033, se prevee que estas viviendas serán las que más habrán crecido (un 25%), según las últimas proyecciones. El mayor envejecimiento y los récords mundiales que ostentan países como España en esperanza de vida, le llevan a tener ciudadanos entre 68-87 las mujeres y 62-82 los hombres de media y claro está más solos, al menos en sus casas.

Los Gobiernos planean actuar ante este desafío demográfico y abordar urgentemente la Ausencia de Compañía en los mayores, pero familiares, amigos y vecinos también podemos hacer una labor fundamental e insustituible

En algunos países la A.C. es más baja que en España y

teniendo en cuenta que la perspectiva de futuro es que aumentarán más, las personas con este sentimiento. ¿Sería conveniente seguir la iniciativa británica?.

Esta semilla ha generado cambios muy importantes en otros países en cuanto a la forma de ver esta realidad social y así, por ejemplo en España, en diciembre de 2018 se aprobó en el Congreso una proposición no de ley para incrementar la sensibilización sobre la soledad no deseada y crónica de las personas mayores.

El motor de este cambio de actitud y emprender acciones de mayor calado, ha sido posible, gracias a todo lo suscitado por la creación del Ministerio británico; que ha sido capaz de remover la conciencia social entorno a la Ausencia de Compañía, tanto en Europa, como en otros países del mundo.

Sería a tener en cuenta, la actuación en este sentido, del médico inglés que detecta que el paciente está o se siente solo y en vez de recetarle un medicamento para la depresión, le recomienda participar en actividades de socialización del barrio.

Un caso llamativo, es la envejecida **sociedad japonesa** que se ha convertido, según la OCDE, en el país más solitario del mundo. Ya en 2018, un semanario nipón titulaba en su portada: "4.000 muertes en soledad a la semana".

Esto debe ser una alarma social y también la consecuencia de un viaje que el país empezó en los años 60, la obsesión por el crecimiento y más tarde, una situación de estancamiento de la economía, que afectó, sobre todo, a la generación anterior ha descolocado familias y comunidades.

La sociedad Japonesa ahora, se ve atrapada en una encrucijada demográfica. Vivirán más tiempo, pero nacen pocos niños, con lo cual, las personas de avanzada edad superarían a los más jóvenes y eso es algo difícil de sostener socialmente.

La soledad extrema de los ancianos resulta tan habitual, que a su alrededor ha crecido una <u>nueva industria,</u> que se dedica a <u>limpiar los apartamentos donde son encontrados los restos de estas personas en descomposición.</u>

Antes de llegar a esta situación, a la que estoy seguro que ni tú, ni yo queremos llegar, tenemos que TOMAR ACCIÓN.

ESTE LIBRO ES UNA CONTRIBUCIÓN PARA QUE NO SUCEDAN CASOS DE MUERTE SIN COMPAÑÍA.

Se puede observar **<u>socialmente</u>**, cómo **los grupos más afectados son:**

- **Los mayores.**
- **Personas sin hogar.**
- **Personas en situación de pobreza.**
- **Parados.**
- **Inmigrantes.**
- **Personas Discapacitadas.**

Cada vez más, aumentan los hogares habitados por un único individuo dentro de lo que llamamos "sociedad avanzada "; pero la realidad es que no para de aumentar el número de enfermedades mentales por este motivo, sin entrar en el elevado coste para cada país; que supera el 4% de su riqueza, teniendo en cuenta, que a pesar de este gasto, el tema no se soluciona.

¿ Tú qué opinas ?, crees también como yo, que es real -

mente importante, tener cerca a tus seres queridos, a <u>la hora de paliar ese sentimiento</u>, que pueda hacerte caer en la desesperación por Ausencia de compañía. Hablamos de esta ausencia no deseada; claro está.

Aunque a veces se pueda pensar que la sola compañía de familiares es suficiente, la realidad es, que tan sólo disminuye el sentimiento de ausencia; pero no lo soluciona.

Ocurre con más frecuencia de la que creemos que la compañía que necesitan las personas, es la de personas de la misma edad y situaciones similares que hacen comprenderse mejor y haya más sintonía.

Los familiares y amigos suelen ser los primeros en detectar los síntomas de la Ausencia de compañía crónica. Cuando una persona está triste e irritable, quizá está pidiendo en silencio que alguien la ayude y conecte con ella.

La paciencia, la empatía, el apoyo de amigos y familiares, compartir buenos momentos con ellos, todo eso puede hacer que sea más fácil recuperar la confianza y los vínculos y en definitiva, reducir ese Sentimiento amargo.

Para muchos hablar de la <u>Ausencia de compañí</u>a, sigue siendo difícil, porque es una condición mal comprendida y estigmatizada; sin embargo, dada su frecuencia y sus repercusiones en la salud, <u>tendría que estar reconocida como un problema de salud pública.</u>

La situación provocada por este sentimiento, <u>debería recibir más atención</u> en las escuelas, en los sistemas sanitarios, en las facultades de medicina y en las residencias de ancianos, para garantizar que los profesores, los profesionales de la sanidad, los trabajadores en los centros de día y en los centros de tercera edad sepan identificarla y abordarla.

" SE VA AVANZANDO, AUNQUE A PASO LENTO "

Según un estudio elaborado por el Institute for Health Metrics and Evaluation (IHME), España será en 2040 el país más longevo del mundo. Para esa fecha sería conveniente, además de tener solucionado el tema de la Ausencia de Compañía, el miedo que a muchas personas les supone contar que se sienten solas, por no molestar, por vergüenza ó incluso culpabilidad.

España hay **4,7 millones de hogares unipersonales**, **dos millones de personas mayores de 65 años viven solas** y casi 1,5 son mujeres, existiendo, unas 100.000 personas que no salen nunca de casa porque no tienen ayuda.

La soledad es una de las principales causas de exclusión social que afecta a todos los rangos de edad, encontrándose que la mayoría de jóvenes con ideas suicidas, dicen sentirse solos.

Por ello, este no es un tema por el que tengamos que pasar de puntillas; ya que si aún no nos ha tocado vivirlo directamente, querida y querido Caminante, nos tocará vivirlo de una u otra forma.

Yo tuve sentimientos de soledad, en algunas ocasiones cuando tenía 7 a 9 años, período en que mi padre se fue a trabajar a Argelia para ganar un mejor salario y procurar un mejor futuro para su familia, según estimaba.

Ahora veo a mi madre, viuda, con sentimientos ocasionales de soledad; aunque procura viajar, salir a bailar, e interactuar con otras personas afines; lo cual le ayuda enormemente a combatir ese sentimiento de A. C.

Creo, que hay que empezar, cuando se tenga este sentimiento, con romper con lo que estás haciendo hasta la fecha, que te ha llevado a esa situación. Hay que hacer cosas diferentes para romper un patrón que te lleva al "pozo" y a aislarte, entrando en un círculo vicioso.

La familia, por norma, será el principal soporte de ayuda de las personas que sufren de soledad

---

Tengo el firme convencimiento de que cuando termines de leer este libro, algo dentro de ti va a cambiar y va a hacer que actúes y no te quedes de brazos cruzados. PRIMERO POR TI y después por los demás.

VIVIENDAS PENSADAS PARA LA NUEVA SITUACIÓN

"Puede que la peor soledad sea la experimentada en compañía"

(Mª Teresa Bazo, 1989)

En general, los mayores, habitan casas de su propiedad, con dormitorios de sobra, antes ocupados. Quizá habrá que construir viviendas más pequeñas, adaptadas a un ocupante y dado que los alquileres de viviendas están en constante aumento.

> **<u>Se debería aumentar el número de viviendas públicas para alquilar a precios asequibles; que además son inexistentes en muchos lugares del país.</u>**

Según opinan los arquitectos, las viviendas deberían estar adaptadas, desde las rampas a los enchufes, para favorecer la accesibilidad, así se facilita que los mayores salgan a la calle y a la vez se ahorra en energía.

La arquitecta Blanca Lleó, creadora del premiado proyecto de investigación <u>Vivir 100 años, longevidad y ciudad futura</u>, apuesta por casas activas: "Las viviendas no tienen que ser más cómodas, sino al contrario. Hay que fomentar el ejercicio y la atención en la rutina diaria. Subir y bajar escaleras, esforzarse para encender y apagar luces, ejercitar brazos para subir persianas, abrir y cerrar ventanas".

Al respecto puntualiza, que <u>hay que diseñar casas fácilmente transformables cuando se produzca una dependencia.</u>

Este factor resulta muy interesante **¿no crees?**, piensa por ejemplo, que te haces un esguince de tobillo, da igual tu edad.

Sería aconsejable tener opción de tener un espacio para una cama ó poder cambiar ese espacio fácilmente si necesitas un reposo prolongado.

Una de las opciones son las viviendas Colaborativas.

<u>Las viviendas colaborativas</u>

Otra fórmula a barajar es esta, particulares que se organizan y conviven, con zonas y servicios en común para atender a los intereses y necesidades de las personas que deciden compartir ese espacio formando una cooperativa.

Esta fórmula, conocida también como **<u>'Cohousing'</u>**, es una de las más habituales en personas jubiladas que desean seguir disfrutando y recibir cuidados sin encerrarse en una residencia.

La expectativa suele ser de " personas activas " que en vez de estar, viendo pasar el Tiempo y la Vida, pueden estar ocupados, haciendo diversas actividades, talleres, organizados por los propios residentes y lo que se le pueda ocurrir al grupo, con puestas en común cada cierto tiempo.

Realizar actividades y talleres, de biblioteca, de huerto, de jardín, de comedor, baile, salidas de ocio, danza, mantenimiento físico, memoria, barro, informática, idiomas, senderismo, canto, días de cine y también alguna salida al teatro e incluso organizar algún viaje, ayudarán a los integrantes del grupo a encontrarse siempre activos y acompañados si es su deseo.

Las viviendas residenciales, podrían organizarse tanto en poblaciones, medios rurales, como en plena ciudad; buscando espacios para construir ò rehabilitar y adaptar edificios ya existentes. El precio del suelo y vivienda lógicamente variará.

Este sistema, realmente permite que se unan personas con un mismo fin; sobretodo, compartir tiempo y poder realizar actividades que hagan a las personas sentirse acompañadas; evitando la Ausencia de compañía, que según pasan los años, si no se resuelve, causará gran dolor en tu vida.

ESPACIOS ASOCIATIVOS

ESPACIOS ASOCIATIVOS

Dentro de los avances de conciencia colectiva, entre los cuales me incluyo, pensamos en Espacios asociativos. Estos pueden ayudar a fomentar la participación e inclusión; de modo que el aislamiento se vaya reduciendo ó extinguiendo.

Lleó considera que hay que "fomentar en los lugares públicos de la ciudad y en las dotaciones de barrio la interacción y confluencia entre generaciones **creando espacios para la integración**.

Las distintas generaciones tienen intereses y horarios de vida complementarios, su integración permite un uso eficaz del mismo espacio de la ciudad, el barrio, la vivienda. La integración, fomenta la ciudad compacta y socialmente sostenible".

Elsa Punset, expresa que aunque en las ciudades se vive en pisos y unos sobre otros a penas sé conocen entre los vecinos. Recomienda que no esperes a que ellos te inviten, invítalos tu a tomar algo en tu casa ó charlar. Habla de **crear lugares de encuentro** en las ciudades, donde puedan relacionarse personas de cualquier edad.

La necesidad de crear **espacios de convivencia** en las ciudades ó cualquier lugar, para que las personas puedan interactuar y evitar el aislamiento social; favoreciendo la relación entre las personas; independientemente de la edad.

Para conseguir crear estos espacios habrá que hablar con los diferentes responsables de cada localidad ó población, tratando de explicarles la importancia y necesidad de crearlos. De modo que asuman la responsabilidad y puesta en funcionamiento de los mismos, dentro de un tiempo prefijado; de modo que no caiga en el olvido y se consolide en una realidad.

Elsa Punset, expresa que la Ausencia de compañía es la sensación, de falta de intimidad con los demás y una conexión real. <u>Sensación de que los demás no están interesados en ti</u>. Miedo a que los demás te rechacen ó no coincidan con lo que tú piensas ó deseas hacer.

Ver en las redes dónde hay grupos que hacen algo que a ti te gusta, sal a la calle, conoce gente. Necesitamos una vida sociable y sentir que los demás están ahí para nosotros.

<u>EL GIMNASIO Y VECINOS</u>

"La soledad no es un patrimonio de generaciones pasadas ni presentes. La soledad es un problema real de todas las cohortes y generaciones"
Rubio, 2011

Entrar en casa y no tener a alguien a quien saludar, no significa sentirse solo. Pero los mayores lo acusan más.

El Gimnasio, es uno de los espacios donde mucha gente, en la actualidad, van a relacionarse e interactuar, de modo que quienes van, a parte de mejorar su estado físico, pueden mejorar su estado emocional al entrar en contacto social con otras personas.

Carmen, 65 años, ama viajar, moverse y vivir sola tras huir de un matrimonio prácticamente agotaba su energía. Su día a día se escribe con varias letras: pilates, clases de francés y de historia, el taller que imparte de cocina, conciertos y senderismo. Le gusta tener obligaciones, para mantenerse activa.

Dentro de tres lustros, Carmen será octogenaria. "Sé que la vida me pondrá en mi sitio", dice, "creo que hay que tener muchas aficiones y alternativas".

¿Y qué necesitaría para seguir disfrutando de la forma de vivir que ha elegido?.

Según hemos ido viendo a través del viaje por este buen Camino, podemos decir:

- **La familia**.

- **Los amigos**

- **Las relaciones sociales**

- **Servicios públicos de calidad.**

Los Espacios Asociativos y comunes, también se dan en las **Viviendas tipo cohousing,** de las que hemos hablado en el apartado anterior y que son de gran ayuda en momentos bajos.

El Ser Humano, como ser Social, necesita interactuar en espacios de encuentro Asociativos; aunque a menudo no llegamos a ser conscientes de tal importancia en el desarrollo integral de las personas.

Los **TRES PILARES** fundamentales, como la **Salud, Dinero y el Amor,** suelen desarrollarse en Espacios Asociativos.

PERSONAS

SIN HOGAR

Paseando por el parque me he encontrado con Antonio, como tantos otros días, me he parado con él y le he preguntado qué cómo está. Él me cuenta, que tiene los pies muy hinchados y doloridos, que no puede andar y que prácticamente no puede llegar al centro social dónde podría desayunar, si no bebiera.

Le digo que dónde ha pasado la noche, él me dice que dónde ha podido. Seguimos hablando y le pregunto que si no tiene un sitio para dormir, algún Centro en la ciudad. Me contesta que sólamente le dejarían dormir dos días y hasta dentro de tres meses no puede volver al albergue; pero sólo si no bebiera; pero es alcohólico me dice y no es capaz de dejarlo.

Le planteo la siguiente cuestión:

¿ Qué te gustaría que hicieran por ti ?.

Contesta: "que me traten bien y me atiendan. Necesito una medicina sustitutiva del alcohol y no me la dan".

Dice que le gustaría terminar ya en esta vida, porque el cuerpo que tiene, ya no le sirve, ya no le acompaña. También dice que las almas después de la muerte vagan por ahí.

Antonio comenta que le gustaría ir al hospital para que le atendieran y curasen los pies y le cuidaran. Expresa que cualquier día, se lo van a encontrar muerto de frío entre las mantas en las que duerme; aunque también dice que hoy cuando vaya no sabe si se las habrán quitado.

La temperatura de esos días de invierno por la noche es de **- 2 y - 4** grados; algo normal durante el invierno en tierras de La Mancha, La Tierra del Quijote y de sus aventuras.

Me confiesa que el sitio donde duerme está a escasos metros del banco en el que estamos hablando, en un rincón de la biblioteca, pública, que se encuentra en el en el parque y en una parte oscura en la noche, allí duerme con otra persona que se encuentra sin hogar y que lleva muletas.

Las noches se le hacen muy largas porque suele despertarse cada 20 minutos, antes le daban una medicación para dormir pero en estos momentos no se la facilitaban.

El sonido de los pájaros le indica cada mañana la llegada del día, aguanta unas horas más porque tampoco tiene dónde ir. Quizás en algún bar le inviten a un café, pero su apariencia desaliñada hace a buen seguro que en muchos sitios le nieguen la entrada.

Comenta que no percibe ningún ingreso; solo vive de lo que le van dando por la calle y lo que puede ir consiguiendo por ahí y que en su estado no le dan trabajo, ni se encuentra físicamente capacitado para realizarlo.

Con lágrimas en los ojos, comenta, que así no se puede vivir y que hace años trabajó en la construcción ó también como jardinero. Igualmente, comenta que estuvo metido en la droga pero que hoy día ya no lo está y no tiene apenas fuerza para desplazarse. Cosa que pude comprobar por mí mismo.

La bebida, le mantiene ausente de la cruda realidad y esta realidad, como dice, <u>no le importa que termine pronto.</u>

Esto me indica que hay que actuar sin demora; porque la situación de salud empeora cada día y las quemaduras que el frío ha causado en su rostro, así lo dejan ver a cualquiera que le mire a los ojos.

Antonio me comenta, que hace años se hacía tres series de 50 flexiones, corría por el campo y hacía ejercicio. En esa época se encontraba muy fuerte y con buen estado de salud. Hoy día con 35 años, lleva 4 en la calle, viviendo en la indigencia más absoluta,   sentado cada día en un banco y observando pasar la vida sin más.

También me comenta, que por las noches se acerca una ONG para darles algo de cenar, aunque se queja de que siempre les dan un bocadillo, tortilla precocinada y sopa.

Comenta con Cierta nostalgia, quizá recordando las que su madre   hacía, que donde se ponga una buena tortilla de patatas con su cebollita, su pimiento y su perejil recién hecha, que se quiten las demás. Ese momento sirvió para verle sonreir.

La comida china es, para él un manjar, refiriéndose sobre todo a los rollitos de primavera y el arroz tres delicias. Me dice que si puedo traerle en algún momento estos manjares para él; le digo que sí, pero cómo es por la tarde probablemente esté cerrado.

De todas formas, cuando me despedí de él, fui a comprobar si estaba abierto, eran las 7 de la tarde y como pronosticaba, la puerta estaba cerrada, las luces apagadas y en local cerrado. La petición quedaba pendiente para otro día.

La despedida este día, 5 de febrero de 2019,   fue realmente para mí emocionante. Le dije, me marcho Antonio, nos vemos. En ese momento, tendió su mano cubierta por un guante gris de lana desgastado, yo le tendí la mía y la cogió con fuerza.

Mantuvo mi mano cogida y apretada mientras la sacudía levemente, durante más de medio minuto, yo tiraba ligeramente y él me llevaba hacia él; entendí, que no quería que me fuera. De alguna manera comprobé que estaba jugando; ya que sonreía.

En un momento dado en ese juego, le dije que si le echaba un pulso. sin soltar mi mano puso su codo en el reposabrazos del banco aceptando mi oferta, seguía sonriendo, yo hice intento de fuerza para llevar su brazo hacia un lado, el resistía y me miraba.

Pude comprobar que tenía fuerza; aunque en un momento dado, me miró y me dijo tú tienes más fuerza, no te reirás de mí . En ese momento fijé en él mis ojos diciéndole :

" Antonio estoy jugando contigo y lo hago con cariño ".

Él aceptó mis palabras con agrado y ya me soltó la mano. Me despedí nuevamente de él, l**e dije que no perdiera la Fe ni la Esperanza** porque " **la Vida da muchas vueltas**".

Cualquiera de nosotros <u>podríamos vernos en esa situación</u>.

De la forma contraria, también hay casos, en los que la gente sale de esa situación de perdición y olvido, llegando a ser personas exitosas; por eso digo que <u>la vida da muchas vueltas;</u>

Aunque mi intención era ir al restaurante chino a por un rollito de primavera y arroz tres delicias, apenas había recorrido

20 metros, cuándo en otro banco una mujer con el pelo largo y rubio, de tez clara y con acento extranjero se dirigió verbalmente a mi. <u>Aparentemente, No estaba en la indigencia</u>, nunca le había visto por la ciudad, me dice que sí por favor puedo ayudarla, que se encontraba sin trabajo y necesitada.

Venía de un pueblo situado a 32 km de Ciudad Real y allí no encontraba trabajo. tiene que mantener a sus dos hijos según comentaba; pero con una paga de 400 €, pagaba piso, luz y apenas tenían para comer a fin de mes.

Quería volver a su pueblo pero no tenía 3 € que costaba el billete, me pidió con educación y agradeciéndolo, si podía cogerle en el supermercado algo de carne para sus hijos; ya que es lo que no solían comer. Entiendo que la ayuda en comida es algo básico y por tanto así lo hice.

A cada persona que pasaba por la calle le pedía trabajo o si conocían a alguien para cuidar a personas mayores, realizar trabajos de limpieza, trabajar como cocinera, " **busca trabajo a toda costa"**. Ya Había ido a los servicios sociales de la ciudad; pero lo que le daban era algo de comida, <u>no trabajo.</u>

Su objetivo según contaba, era trabajar durante los días necesarios, para poder sacar dinero y comprar el billete de autobús, suyo y de sus hijos para llegar a la ciudad de Almería; donde según comenta, podría trabajar en los invernaderos y recogiendo fruta.

También había estado recogiendo aceituna en los campos manchegos mientras duró. Ahora la forma de subsistencia y de vida más viable para ella, cree que es, trabajando en el campo de Almería.

Me ofreció darme su número de teléfono por si encontraba alguna persona que quisiera ofrecerle trabajo, en la cocina de algún bar, en limpieza o cuidando y acompañando a personas mayores. Me pareció que hablaba con sinceridad y cogí el número, por si realmente surgía una ocasión de trabajo adecuado para ella.

Después de coger algo de comida en el supermercado, incluyendo carne, le acerqué la bolsa. Estaba pidiendo trabajo también a otra persona que asentía y comprendía las dificultades por las que a veces pasamos las personas.

Cuando la mujer se marchaba, con su compra y el dinero para su billete de autobús, el otro joven, me preguntó mi nombre y me dio su mano con **humildad y gratitud**. Esas dos cualidades que en muchas ocasiones <u>se echan en falta</u>; pero la vida nos pone en circunstancias para que las aprendamos y las sintamos dentro de lo más profundo de nuestro ser.

Lógicamente me planteé formas de ayudar a estas personas desde la **Asociación Buen Camino** <u>que acababa de nacer</u> con este Libro, como una madre da a Luz a un hijo; no obstante, <u>las acciones realizadas pueden encuadrarse dentro de su ámbito</u>:

Acción Social,   atender a personas sin hogar y personas que necesitan compañía.

<u>Antonio falleció</u>, antes de que yo terminase la Trilogía Buen Camino; por eso, le he querido dedicar este libro, como habrás podido comprobar en las primeras páginas. Cómo fueron sus últimos días, os lo cuento en el tercer Libro, **buen camino en Amor.**

¿ QUIERES AYUDAR ?

¿ Te apuntas ?

Tú eres también, una persona que puedes colaborar con otras personas que necesitan compañía, que se sienten solas; ya que a buen seguro, has tenido ó tienes necesidad de estar ó sentirte acompañado.

Con ese fin nace la Asociación **Buen Camino** que aunque se encuentra en sus inicios tiene muy clara su labor.

Contar contigo sería de gran ayuda, no dudes que <u>algo puedes hacer</u>. A veces con estar presente, escuchar a las personas y darles algún consejo, puede ser suficiente para **romper ese sentimiento de vacío y sufrimiento** que les invade.

Sólo tienes que contactar con nosotros y estés donde estés podrás sin duda ayudar de una u otra forma.

ASIGNACIÓN DE TAREAS

Ya que esta Asociación nace en una Provincia española, en Ciudad Real concretamente, tierra austera y de Caballeros andantes, <u>quiere extenderse al resto del País y del Mundo.</u>

Empezamos paso a paso. Ya sabes que una carrera se inicia con el primer paso y por eso ....

¡¡ QUIERO CONTAR CONTIGO !!

Desde aquí ya hemos contactado con otras asociaciones que existen en la ciudad y que hacen tareas de acompañamiento y ayudan a gente sin hogar, tales como Cáritas, Oretania ......

y Cruz Roja, como entidades posibles para colaborar.

Creemos con profundo sentimiento, que aún, desde nuestra Asociación, se va a aportar un Plus, <u>siendo **LA VOZ** de las personas sin hogar, que viven en la calle y las personas que necesitan</u> urgentemente compañía, <u>por ese profundo sentimiento de vacío</u> ó ansiedad que tanta angustia, dolor y sufrimiento provoca en cada persona que lo padece.

Vamos a tratar de paliar o eliminar ese sentimiento dañino para nuestra salud; porque si tú no lo padeces en este momento, muchísimo mejor, esperando de corazón que no te aparezca; no obstante, es muy probable que alguien, quizá cercano a ti, se encuentre en esta situación.

Realmente hay personas que lo ocultan y no es fácil detectar si no se abren y lo exponen; por eso a veces con la observación centrada en la persona, se puede detectar incluso en la forma de hablar o cosas que veas que añora.

TÚ TAMBIÉN TIENES UNA LABOR IMPORTANTE QUE PUEDES REALIZAR.

POR ESO AMADA LECTORA, AMADO LECTOR QUIERO CONTAR CONTIGO; YA QUE AUNQUE QUISIERA, YO SOLO Y SIN TU AYUDA NO PUEDO LLEGAR A TODOS LOS RINCONES DONDE SEA NECESARIO LLEGAR.

HAY QUE LLEGAR A CADA PAÍS Y A CADA SER QUE NOS RODEA Y LE VEAMOS PADECER ALGUNA DE ESTAS CIRCUNSTANCIAS.

NUESTRA

MISIÓN

<u>LA MISIÓN DE BUEN CAMINO ES</u> :

1.- AYUDAR A PERSONAS QUE NECESITAN COMPAÑÍA

2.- AYUDAR A PERSONAS QUE NO TIENEN HOGAR

- ## <u>AYUDAR A PERSONAS QUE NECESITAN COMPAÑÍA</u>

Contactando con cualquier persona, organización ó entidad que pueda detectar DÓNDE SE ENCUENTRA ALGUIEN CON ESTA NECESIDAD, entendiendo que prácticamente todo el mundo necesita compañía; pero nosotros buscaremos personas que estén ....

" SUFRIENDO POR LA AUSENCIA DE COMPAÑÍA "

Cuando conozcan que existimos como Organización de Acción y Ayuda, será más sencillo que haya personas que se acerquen a nosotros en busca de esa ayuda; <u>POR ESO TE DIGO DE LA IMPORTANCIA DE TU COLABORACIÓN.</u>

Contigo llegaremos a todos los rincones del País y del Mundo; NO TENGO NIGUNA DUDA. Si nos enfocamos en ello,

¡¡ LO HAREMOS !!

Para ello puedes:

1.- AYUDAR COMO VOLUNTARIA/O

2.- CREAR UN ESPACIO BUEN CAMINO

1.- <u>AYUDAR COMO VOLUNTARIA/O</u>

La Ayuda como Voluntario ó voluntaria es muy importante; ya que esta Asociación se inscribe como una Organización de Acción social y Voluntariado, encontrándose catalogada con el Apartado 711 dentro de los diferentes tipos de Asociaciones que existen.

<u>* Buen camino * se encuadra en las de</u> **SOLIDARIDAD**

<u>MISIÓN DEL VOLUNTARIADO</u>

La labor del voluntariado puede ser :

A - PERSONAS EN NECESIDAD DE COMPAÑIA

1.- **Acompañamientos**

<u>Evitando que la persona que requiere ayuda, aumente su nivel de estrés o ansiedad</u> y en lo posible evitar el sufrimiento.

Requiere buena dosis de compromiso; ya que la tarea a realizar en muchas ocasiones no es fácil. Cada persona puede estar viviendo una situación diferente ante un mismo hecho; Por eso es importante hacer un **<u>análisis previo de la situación</u>**, para poder prestar la ayuda las mejores condiciones posibles.

La voluntaria ó voluntario, debe ser sin duda, un **buen escuchador**; ya que habrá ocasiones en las cuales, el acompañamiento requiera oír lo que la persona tiene que decirte ó expresarte, igualmente habrá ocasiones en las que el voluntario ó voluntaria puede **animar el momento** improvisando.

En nuestro caso nos ocupamos de personas de cualquier edad; Ya que dependerá de situaciones puntuales o duraderas en el tiempo y que será importante coordinar en caso necesario con otras asociaciones privadas o entidades de carácter público.

Puede ocurrir que existan diferentes asociaciones en tu ciudad, en ese caso, es importante reunirse con ellas para coordinar diferentes planes de acción, según las necesidades que vayan surgiendo y si es necesario hacer un reparto de tareas.

También puede ocurrir que en el lugar en que te encuentres no exista asociación alguna o entidad que se ocupe de atender a las personas que necesitan compañía ante una situación de sufrimiento puntual o prolongada; en cuyo caso habría que contactar con servicios sociales que traten el caso en cuestión.

En algún caso, puede haber falta de entendimiento entre asociaciones; no hay que olvidar que va a depender de las personas que estén al frente de la organización en cada Ciudad, cómo se lleven a cabo las tareas propias de cada una.

Si desde nuestro ámbito, solo con nuestra presencia y acción fuera suficiente, lógicamente estaríamos realizando la tarea propia y la **contribución a las personas**; que es en definitiva a lo que hemos venido y para lo cual ha nacido la ONG.

Creo firmemente, que la **<u>manera en que nuestra alma puede crecer es, ayudando a otras personas a que no</u>**

<u>**caigan**</u> y a crecer todo lo posible; ya que esto hará que la persona se eleve y nosotros habremos colaborado en ello.

Nosotros nos elevamos, elevando a los demás.

La Elevación Personal, Consiste en realizar la misión que nuestra alma ha venido a hacer a este mundo. Ella ha venido a crecer y cuando ponemos trabas, por nuestros miedos ó bien los condicionantes sociales y cualquier excusa que nuestra mente se invente…

"PERDEMOS EL RUMBO DE NUESTRA VIDA."

<u>Los Acompañamientos podemos hacerlos en cualquier parte</u>, hogares, residencias, espacios asociativos y en definitiva, donde sea necesario, con tal de solucionar un problema para una persona, que se encuentra en una situación a veces crítica.

En ocasiones, será conveniente la participación de dos o más voluntarios en alguna asistencia, por las particularidades que puedan derivarse en cada caso; por ello, como decía, Es conveniente hacer antes un análisis previo de cada caso.

2.- Buscar espacios asociativos

También será una de las opciones que podremos llevar a cabo. se trata de **buscar espacios en cada ciudad o población,** y que cualquier persona pueda estar acompañada si es su deseo y no verse abocada a quedar sola en su casa, en un estado de sufrimiento por la ausencia de compañía.

Para esa búsqueda, será necesario reunirse con las entidades que dispongan de esos espacios, pueden ser particulares o públicas, **<u>implicando a gobernantes, políticos y a la sociedad en general</u>,** para que colaboren ayudando a sus conciudadanos.

Se tratará de **conseguir espacios que tengan una cierta comodidad, a modo de sala de estar de una vivienda.** Es importante por eso, conseguir la participación del sector más amplio posible de población , así como su implicación.

En ocasiones y si las posibilidades lo permiten se pueden **alquilar viviendas al efecto,** ó bien personas que, de manera voluntaria, puedan ceder algunas horas y compartir su casa y su tiempo, tanto con los voluntarios, como con alguna persona que se pueda invitar, para romper una situación concreta y en definitiva **poder estar en compañía.**

Nadie a nivel personal, estamos exentos de padecer una situación dolorosa por cualquier motivo. Todos conocemos casos y se da en todas las familias, por ello, es **<u>necesario que las familias colaboren</u>** y desde la Asociación *BUEN CAMINO se va a mediar para crear esos espacios.

Estos espacios, deben permitir a las personas, reencontrarse consigo mismas y salir en ocasiones, de un pozo de amargura que, desde nuestro ámbito, trataremos que se convierta el compartir tiempo con personas, en un motivo para continuar caminando y en un motivo de alegría que le haga sentir lo más feliz posible.

También **se realizará el reparto de tareas al voluntario o voluntaria con el que más se identifique cada uno;** pero creo que, tendrá posibilidades para elegir por la amplitud de necesidades.

Viviendas compartidas:

Es una de las opciones, que se vienen realizando de forma espontánea por algunas personas, se juntan personas que tienen unos intereses comunes, bien por edad, bien por compartir una situación concreta, como por ejemplo varias personas **amantes de los animales** que, tienen animales y los cuidan unos y otros.

Para **personas mayores que están sin compañía** y le supone una situación de malestar y sufrimiento, esta puede ser una buena opción; ya que le va a permitir vivir con personas que están en situaciones similares. Es quizá una forma asociativa de personas que no tengan un alto grado, claro, de dependencia y de cuidados.

Cuando yo era niño televisaban una serie llamada **"Las chicas de oro"**, que posiblemente muchos y muchas de vosotras conozcáis, basada en este tipo de viviendas, que puede ser de alquiler ó de un propietario que la ponga al servicio de otros y dónde personas de edad madura, compartan su vida.

Barrios de viviendas, esta modalidad y asociarse que tienen algunas personas, viene realizándose desde hace años en los países nórdicos, se juntan personas de mediana edad que, deciden construir su propia vivienda, en una zona en la que se planifican espacios comunes, para fomentar la convivencia y compartir tiempo con el vecindario, enfocado a crear lazos de amistad también para un futuro en el que compartir tiempo y vida.

2.- <u>CÓMO AYUDAR CREANDO UN "ESPACIO BUEN CAMINO"</u>.

Te preguntarás, **<u>¿y yo cómo puedo ayudar</u>**, creando un espacio para asociarse?. Quizá me digas que estás en una situación difícil y que tú también necesitas ayuda, ó que eres muy mayor, ó que no sabes por dónde empezar.

* YO ESTOY AQUÍ PARA AYUDARTE Y DECIRTE CÓMO *

Si realmente quieres ayudarme a hacer esto una realidad, en primer lugar, darte millones de Gracias por querer colaborar; eso ya dice mucho de ti y de la esencia de tu Alma.

Mi Misión, no es otra que:

CONTRIBUIR CON LAS PERSONAS, PARA QUE EL CAMINO DE LA VIDA, LO REALICEN CON LA MAYOR ALEGRÍA, PAZ Y ENTUSIAMO POSIBLE.

" ELEVANDO A LOS DEMÁS TE ELEVAS TU "

PRIMERO :

<u>INFÓRMATE</u>

Los espacios para compartir pueden ser, desde salas para comer, salas de estar y de juego, piscina y otros espacios de recreo, en los que compartir el tiempo; de esta manera nunca se van a ver solos; ya que se constituye un vecindario, con el interés general de estar acompañados.

Tenemos que informarnos <u>qué Asociaciones hay,</u> en nuestro entorno y qué labores desempeñan. Si tratan con **personas sin hogar o personas que necesitan compañía**, ya tenemos un punto en común.

Si no hay nada en el núcleo en que vives, quiere decir que eres la persona indicada para empezar a crear soluciones y ayudar en tu entorno más próximo y desde ahí EXPANDIRTE.

SEGUNDO :

<u>BUSCA COLABORACIÓN</u>

<u>Busca e implica a más personas</u> en el Proyecto, será mucho más fácil; pero **si de momento no hay nadie** ………..

¡¡ EMPIEZA TÚ; SÉ PUNTA DE FLECHA !!

TERCERO :

<u>ENTREVISTA CON ASOCIACIONES</u>

Pide una entrevista con cada asociación que averigües que trata los dos ámbitos que tratamos, queda un día, hora y lugar para una Reunión. Allí con una puesta en común podéis llegar a Acuerdos de colaboración.

CUARTO :

<u>ENTREVISTA CON RESPONSABLE DE TU CIUDAD DE CEDER ESPACIOS.</u>

Es importante reunirse con los responsables de la zona donde vives, para solicitar un Espacio en nombre de la Asociación Buen Camino (antes contacta con nosotros).
<u>buencamino1122@gmail.com</u>

Debes hacerles comprender que, **el Espacio** es **Asociativo** y que sería para que se pueda <u>reunir personas de cualquier edad, que sientan necesidad de estar acompañados</u>, porque estén pasando por momentos de sufrimiento o ansiedad cuando se ven solos.

Debe ser un lugar **para estar y compartir, poder hablar**, <u>tomar un café, infusión ó algo en plan relax</u>. Que disponga a ser posible de baño y algunos sillones o sillas, mesas…<u>Una especie de **salón** ó **sala de estar**</u>.

QUINTO :

<u>ORGANIZAR HORARIOS Y ENCARGADO DEL ESPACIO CEDIDO.</u>

Una vez logrado el espacio, organizar el horario siempre y cuando os den esa opción. Ideal es que pudiera estar disponible las 24 horas por si cualquier persona necesita ser atendida por una situación de dolor ó vacío.

Si bien hay que ver posibilidades; ya que <u>tener un espacio abierto todo el día, requiere personal</u> y organismos públicos, no tendrán abierto; por el coste económico del personal; no obstante si se consigue, **¡¡ adelante !!.**

¡¡ AYUDANDO TE AYUDAS !!

BUSCANDO LA PAZ INTERIOR

<u>BUSCANDO LA PAZ INTERIOR</u>

Al buscar esa paz lo que hacemos es reconocernos, cuando te reconoces, entonces dejas de buscar lo que está fuera de ti; sin embargo, si aún tienes **la creencia**, de cada día debes estar más hacia dentro, más hacia ti, está bien; pero no es cerrar los ojos y aislarte del mundo.

Se trata de abrir los ojos y encontrar tu propio mundo interior, manifestándose afuera. De nada sirve hablar de paz cuando creemos que existe algo afuera, que está en discordancia y no está resonando con algo dentro de nosotros, dentro de ti.

De nada sirve crear espacios para estar en paz, cuando a la persona que tienes al lado, ni siquiera le has hablado ó abrazado.

<u>Es importante recuperar esa forma de mirarse a los ojos</u>, esa forma de volver a sonreír, de reencontrarnos con nuestros padres, con nuestros hermanos, con nuestros hijos ó amigos.

No te preocupes, **<u>si a tu vida llegan días oscuros</u>**, que ocultan la Luz que tú tienes, recuerda que **<u>tienes una luz en tí</u>**, **como una estrella** y quiero recordarte que **has nacido con una estrella** y esa estrella, **<u>nadie te la va a entregar, nadie te la va a dar</u>**; <u>porque tú **has nacido con ella.**</u>

Dentro de ti, tienes mucha abundancia, mucha salud, mucho amor, mucha alegría. **<u>NADIE te puede quitar esa estrella</u>** y vas a hacer que esa estrella brille y brille tan alto, que recorrerá todo tu SER y emane tal vibración, que recorra todo el espacio que hay en tu interior y tu exterior.

<u>Debes recordar, que la única forma de volver a recordar tu estrella es, colocando tu mano derecha sobre tu corazón.</u>

<u>Busca tu estrella,</u> colocando tu mano derecha sobre tu corazón y sí, algo allí palpita, ya hay paz allí, ya está la Verdad allí, recordando que allí es, donde habita tu propia verdad, <u>donde habita tu propia sabiduría.</u>

Esa Verdad y Sabiduría, se manifiesta observándote a ti mismo, en todos los rostros y en todas las formas que puede haber.

Ahora, si estás en un sitio tranquilo, puedes inhalar profundamente, recogiendo todo el ambiente, todo lo que se percibe de la tierra y pon ese Oxígeno dentro de ti, llevándolo a tu corazón y suavemente vas a exhalarlo, soltándolo suave por tu boca.

No pongas ninguna intención, solo exhalarlo, equilibrando lo objetivo, lo intuitivo, lo interior con el exterior; aceptándote a ti mismo, amándote a ti mismo, a ti misma.

La existencia nos regala un mantra, algo más para repetir, una vía más. **" ME AMO Y ME LIBERO "** así te liberas de tus estructuras Mentales.

Recuerda, si algo no te gusta en tu día a día, ya no hace falta señalar, ya no hace falta discutir y a tu pensamiento, puedes regalarle un **" ME AMO Y ME LIBERO "** lentamente, gota a gota, irás transformándote a ti mismo y a ti misma; de esta forma recordarás, <u>que **la vida no es una perspectiva sino una expectativa.**</u>

Ahora vas a mirar tus manos y trata de recordar cuántas cosas has hecho con tus manos, cuántas veces has agradecido el <u>milagro de tener manos</u> para poder <u>dar</u>, para poder <u>recibir</u>, para poder <u>acariciar</u>, para poder <u>unirlas y bendecir todo</u>.

¡¡ Agradece leer, abrir tus ojos, respirar y Amar !!

Vamos a recordar tu y yo, <u>el **perdón**</u>, <u>el **respeto**</u>, <u>la **honestidad**</u> con nosotros mismos y reconocer que en el momento que aprendamos a vivir con nosotros mismos, entonces volveremos a aprender a convivir con todas las personas que nos rodean.

<u>**Agradece y confía en un mundo mejor**</u>, debes creer que contigo en el mundo hay más paz, gracias por permitirme reflejarme en ti, gracias por sonreír cada día, gracias por ver, por amar, por recordar que hay árboles, que hay niños, por permitirnos respirar.

<u>Todo aquello que puedas observar,</u> te guste mucho o poco **eres tú mismo, tú misma;** <u>**es tu reflejo**</u>. Puedes ir caminando, si no te gusta mucho lo que ves, pon en tu pensamiento: **te amo y te libero**, <u>si te gusta mucho</u>, pon <u>en tu pensamiento,</u> <u>**te amo y te libero**</u>.

<u>**Es un camino más**</u>, hay muchos, lo importante es que en tu camino observes todo eso que algún día consideraste **piedras, obstáculos, eran los peldaños hacia tu escalera Interior,** hacia un trabajo donde **no se requiere fuerza.**

En ese Trabajo, <u>**no se requiere luchar**</u>, entonces **no se requiere agotamiento;** <u>**sólo pasión, sólo sonrisas**</u> y así cada día <u>**encontrarás que amas lo que eres**</u> y le vas a dar voz a tu interior, para decirte **sí,** es posible vivir en paz, **sí,** soy feliz.

Me alegra mirarte a los ojos, sintiéndote, porque si algo has venido a hacer a la Tierra es a encarnar, a tener pies, poder observarte, para poder sonreír con la brisa, agradecer el sol, la lluvia y el viento y a todo lo demás.

Muchísimas gracias por seguir leyendo hasta aquí.

**y que en tu corazón brille siempre,
la Alegría, la Abundancia, la Salud, la Paz y el Amor.**

Elien Ortega

¡¡ Recuerda   siempre tu Estrella !!

AUSENCIA DE COMPAÑÍA

DESDE

LA ESPIRITUALIDAD

La ausencia de compañía vista a nivel Espiritual

Valora desde hace cuánto tiempo te sientes en Ausencia de Compañía (solo ó sola) ó ¿te has abandonado?,
¿hace cuánto tiempo que estás encontrándote contigo?.

SOLEDAD DEL ALMA

Te puedes sentir como ser humano, solo entre muchas personas también. En este caso te hablo de la **soledad del alma** o esa soledad que no comprendes, que no te permite estar en gratitud.

> Cuando te sientes en soledad, es porque te sientes **separado de tu Alma**; **porque dentro de ti tienes una parte humana y otra divina.**

La parte humana, necesita sentir esa separación para poder ejercer los roles que requiere la sociedad, cuando conectas con la parte divina, ves y sientes, que constituyes una unidad perfectamente engranada.

En ciertas ocasiones, sentimos unidad con todos y volvemos de nuevo al sentimiento de soledad, que es solo un pensamiento recurrente dentro de ti, que se transforma en una emoción, en una supuesta realidad.

Cuando empiezas a encontrarte, a través de ser tu mejor amigo, tu mejor amiga, a través de **encontrar las cosas que te gustan**, entonces:

te empiezas a valorar y dejas de sentirte solo ó sola.

> **Es diferente el sentimiento de soledad, que vivir en soledad.**

Hay personas a las que les gusta vivir solas, de todas formas piensa que :

> **El sentimiento de soledad lo puedes sentir incluso estando entre mucha gente.**

CÓMO IR AL CENTRO DE TU SER

A veces, tenemos pensamientos que no tienen un punto de origen, ni un punto de destino, podemos sentir que estamos fuera de nuestro ser. Si tuviéramos un punto de referencia, podemos estar en nuestro centro, en el cual nos sentiríamos completamente acompañados con nosotros mismos.

¿ Cómo ir a tu centro ? :

- Con **Tu corazón** que palpita.
- Con **Tu respiración.**

Ambas las puedes percibir dentro y fuera de ti.
Pon la mano derecha en tu corazón y siente, escucha.
Hazlo en silencio, sin ruidos a ser posible.

Son dos **grandes herramientas** que te van permitir mantenerte en tu centro. A veces no sabemos hacia dónde dirigirnos; pero haz una prueba, plantéate, cómo te ves dentro de 2 años, seguro que te sorprendería.

A veces, estamos en una rueda tipo hámster, sin darnos cuenta de que estamos vivos, cuándo notas que estás viva, puedes observar todo lo que ocurre a cada instante y eres capaz de observarte, a ti misma ó a ti mismo como una unidad en todo. Incluso podemos sentir nuestra voz que se manifiesta en todas las personas.

Esto es fácil si cada día, te cuestionas algo, pregúntate si estás siendo tu mejor amiga, tu mejor amigo ó si te estás acompañando.

En ocasiones, vamos a lugares sin estar de acuerdo, porque no nos escuchamos o estamos distraídos, solo escuchamos fuera; <u>pero podemos decirnos:</u>

¿" Estoy acompañándome "?.

Puedes ver dentro de ti, que hay una niña, niño, un adolescente ó un adulto. Entonces es conveniente detenerse y cuestionarse todo, antes de tomar una decisión; porque eso te puede ayudar a realizar lo que realmente quieres y permitirte llegar a.................

¡¡ TU OBJETIVO !!.

Hay diferentes teorías que te pueden llevar al sufrimiento, traspasa tus propias barreras mentales y en el día a día, aunque tengas miedo o busques aceptación:

<u>" Que no se te olvide ver con los ojos del corazón "</u>

No sólo con los condicionantes o prejuicios.

Evitando así poner velos a tus ojos.

A veces nos comunicamos sin mirarnos a los ojos. incluso nosotros mismos somos incapaces de hacerlo mirándonos en el espejo. Si tú misma, tú mismo, ya te abandonas, te vas a sentir abandonada y sola, abandonado y solo.

Tu Guía ó Tu Ángel de la Guarda

Cada persona trae a su lado Guías y compañía, lo que también llamamos **Ángeles de La Guarda**.   Para acceder a ellos, <u>primero debes saber que te acompañan</u>. Puede que necesites observar un mensaje o una voz , un gesto.

**" Todos tenemos una voz interior que es un Maestro.
Un Maestro Interior que nos dice a dónde dirigirnos ".**

" Cada persona es un microuniverso, que cuando se desprende de otro universo, manifestado en el útero materno y cuando nos empezamos a manifestar y salimos al mundo, es un universo en creación ".

Elien Ortega

La personas somos como una esponja, que empieza a absorber las emociones, las palabras de todo lo que nos rodea, esto es un microuniverso transformándose, de una forma contínua.

Tenemos capacidad para coger todos los hilos de esta y de otras realidades.

<u>Cada microuniverso tiene muchos hilos</u> y lo bordan los sentimientos, experiencias, recuerdos, relaciones y así se crea un universo más grande, **eso es una persona**.

<u>Cuándo empiezas a interpretar</u>, toda esa información que entra dentro de ti, <u>estás generando una energía para continuar creando un universo mayor</u> y eso lo hace, <u>la conciencia del ser</u>.

<u>Pregúntate, si te sientes sola, solo</u>, desde dónde estás viviendo, si te estás sintiendo <u>solo desde la conciencia del ser, ó la conciencia humana.</u>

Obsérvate dentro de cada acto que haces, en cuanto a la libertad. Mientras mantengas tu conciencia, entre tus pensamientos, eres libre de ti, eres tú mismo, tú misma.

<u>Cada vez que te sientas sola ó solo:</u>

<u>Toca tu corazón</u> y si sientes su sonido, recuerda con las manos unidas que te estás protegiendo.

Tus Guías y Ángeles también lo hacen por ti.

<u>La fuerza mental, ayuda a la expansión de tu conciencia y capacidad de comprender la realidad donde habitas</u>, puedes interpretar todas las situaciones que te están ocurriendo, puedes convertirte en un co-creador de tu realidad y sabes cuándo es, un pensamiento ó emoción de alguien que está cerca.

En ocasiones puedes estar pensando algo de otra persona, hay como una comunicación telepática antes de que ocurra a través de las palabras, todos lo tenemos; pero antes de escuchar interactuamos, suele ser, porque analizamos los pensamientos de las personas que nos rodean.

Por encima de esto, hay otros tipos de realidades, de mentes que pueden movilizar a las masas, es **importante buscar tu centro;** porque hay muchos <u>factores externos que influyen en nosotros</u> y que nos hacen creer que necesitamos vivir en competencia y en la necesidad de ser observado.

Lo cierto es que si te detienes y te vuelves observándote

a ti mismo y escuchándote, preguntándote qué necesitas ó qué te apetece, qué sientes dentro, si necesitas sol, aire, **si estás en sintonía contigo mismo; ya no sentirás que estás sola ó solo, porque tú mejor compañía eres tú.**

Tienes que volver a ser tu mejor amigo, mejor padre, tú mejor pareja, sí logras esto, entonces es fácil superar el sentimiento de vacío; porque te enamoras de la vida, de cada uno de los detalles y no esperas nada de afuera; así, todo se transforma en un maravilloso regalo, pero primero tienes que ser

Tú ….. tu mejor regalo.

Puedes observarlo, viendo que tienes un cuerpo que no te pertenece, incluso tiene memoria propia y conciencia aunque no lo recuerdes, pero tu cuerpo te acompaña, aunque a veces no tanto como tú quisieras y tu mente cree, que puedes hacer más cosas de las que tu cuerpo te permite hacer.

A tu cuerpo debes honrarle, decirle lo que te gusta de él, acompáñate a ti mismo; si estás agotado, porque estás mucho con la tecnología, escuchando a muchas personas…………..

- **¿ Cuando estás contigo?**, escuchándote, respirando escribiéndote

- **¿Cuántas horas pasas contigo al día ?.**

- **¿Cómo te acompañas?** cómo quieres que alguien te acompañe si has dejado de volcarte en ti para volcarte en todo lo que te rodea.

<u>Busca momentos de calidad, para estar contigo en calma.</u>

> Cuando veas que la relación con todo lo que te rodea es hacia ti mismo, estarás feliz y en plenitud, detente contigo, sírvete un té y **celebra que estás vivo y viva.**

Engendrar a un ser humano, capaz de amar, de servir, de sonreír y de brillar con su propia naturaleza, constituye un Milagro de la naturaleza en sí mismo.

Siempre hay tiempo para aquello que nosotros tengamos como prioridad y la prioridad somos nosotros.

LA PRIORIDAD eres tú, no tus hijos; ya que si te agotas en gran medida, no vas a poder atender en condiciones a todo, incluyendo a tus hijos si los tienes.

- Cuando te juzgas, es porque no observas tu belleza.

- Cuando te quejas de ti mismo, te alejas de ti.

Pensamos que las circunstancias anteriores, que nos han ido pasando, tanto a ti como a mi, nos dejan atrapados; pero puedes liberarte.

> **Para liberarnos de las cadenas que nos atan, podemos hacer un servicio hacia otros y a personas que nos rodean.**

Ese servicio, se realiza por el hermoso hecho de ocupar tu tiempo en mejorar y amar el espacio donde habitas; que de por sí, significa cuidarte Tú e igualmente a los demás.

Ayudar es también, una sonrisa a alguien, ó cogerle algo que se le cae, son gestos que te ayudan y te hacen desenfocar la tristeza, y te hacen sentir plenitud dentro de ti.

Hacer **Servicio y Servir**, te ayuda a salir del estado emocional de la soledad, porque dejas de pensar en ti y en el sufrimiento que sientes durante esa situación.

Cuando vayas a un sitio desconocido, durante un tiempo puede darse un ciclo de ausencia de compañía; que es progresivo; pero puedes preguntarte lo siguiente:

- Qué necesitas………
- Qué te sucede………

Y puedes hacer como actividad para estar en ti:

- Dar un paseo.
- Buscar algo que te apetezca y te guste hacer.
- Pensar qué te gustaría hacer durante la mañana.
- Escribir algo para ti por las mañanas.
- Si te gusta tomarte un té, hazlo.

Observa si te dedicas a ti en algún instante.
Observa tu cuerpo cuando te duchas lo que sientes.
¿Te detienes a sentir?, detente para sentir a tu ser.

Nos olvidamos que estamos conectados con nuestro Ser .

Todas las circunstancias del día a día hace, que nos enfoquemos en ellas y nos desenfocamos de esa conexión que se apaga, quedando trocitos de esa sinapsis latentes en tu corazón y tú lo intuyes y lo sientes, como un llamado, como algo que está allí y que quiere salir.

¿ Qué podemos hacer con los niños ?

Escucharles, cuando tienen amigos imaginarios. También es una forma en que ellos se sienten acompañados. Les decimos, normalmente, que tienen otros amigos; déjale que se enfoque, que pueda descubrir sus amistades poco a poco. Dedica tiempo para escucharle.

Es conveniente que vaya socializándose y relacionándose desde la más tierna infancia, también con el fin de no perder el contacto con la sociedad en que se desarrolla y enseñarle una serie de hábitos saludables, física y mentalmente.

Nuestra sabiduría interior, nos permite averiguar y mantener un plan estable, incluso nuestros prejuicios y creencias van a incidir de manera notoria en cómo vamos a educar e influir en los hijos; ya que desde nuestros hábitos y comportamiento, ellos van a percibir gran información para su vida futura.

Tu pensamiento a veces siente: " yo puedo " y es como si te preguntaran : ¿ realmente estás en paz ?. A veces te preguntas si a tu hijo ó hija estás educándole bien, para conseguir su desarrollo emocional y personal correctos.

Las tecnologías y el uso correcto de las mismas, vienen siendo motivos de preocupación de los padres, por el riesgo que puede entrañar si no se enfoca bien. Esa es parte de tu labor, ayudarles a dosificar el tiempo, para que no se convierta en una adicción, como sucede muchas veces con los juegos.

Ayudarles a encontrar los contenidos adecuados a su edad, será parte de tu tarea en los comienzos e ir desarrollando en él, una conciencia de contribución y desarrollo interior y personal contínuo.

Si tienes un sentimiento de vacío interior ó ausencia de compañía (soledad) y te estás preguntando:

- Si puedes o no puedes, avanzar en tu vida.
- Si antes de nacer, ya querías llegar a materializarte.

Piensa, que siendo espermatozoide, vibrabas con mucha fuerza y corrías; ya sabías de alguna manera, que tenías que llegar allí para fecundar el ovulo. Entonces ....

Detente un poco en Ti, en TU SER, en TU ESENCIA, **tienes que saber que sí puedes**.

Los ojos de los niños pequeños, cuándo empiezan a andar demuestran que sí se puede, si tienes una situación que te está desgastando personalmente .... pregúntate:

- ¿Qué estoy aportando yo a un propósito de vida ?
- ¿Tengo tiempo vital para hacerlo?
- ¿En qué me apetece gastar mi tiempo?
- ¿Me apetece gastar mi Vida en lo que hago?:

En quejarme, en hacer cosas, para en algún
momento ser feliz.

**¿ Cuántos años tienes?
**¿ Cuanto tiempo has gastado improductivo ?

<u>Busca la felicidad en aquello que estás haciendo</u>.

<u>Esa debe ser una de tus Metas.</u>

Todo tiene un punto de felicidad y tienes que ser capaz de verlo. si no lo ves pregunta:

<u>¿Qué aprendizaje me está mostrando? Esa situación.</u>

La vida te da estímulos para decirte que estás vivo.
Te está diciendo, tú puedes, a cada instante, con cada cosa.

Levantarte es maravilloso, debes pensar siempre, que este instante, no es mejor que el de mañana. <u>Estar en gratitud con este instante</u>; pero el de mañana será mejor, porque tú lo estás decidiendo así; porque ya no haces cosas que te están generando tristeza, estás haciendo <u>cosas diferentes</u>.

<u>Ten gratitud de cada momento</u>, no puedes decir yo fluyo, porque, <u>si caes en un lugar que no te gusta, luego no te quejes</u>, porque has estado fluyendo.

Tú eres tu mejor amigo, tu mejor compañero ó compañera.

<u>Planifica cómo te ves dentro de 2 años</u>, te tienes a ti y a la mejor persona del mundo, te tienes que sentir totalmente orgulloso, orgullosa; **TODOS vamos en la misma dirección**.

Si visualizas un árbol en profundidad, sus hojas o flores sus frutos, su corteza, su forma…. puedes visualizar una

compañía y armonía perfecta, a eso también aspiramos.

Va a llegar un momento donde todo va a estar en armonía, como la forma de organizar tus "muebles", que son tus pensamientos. Las personas que atraes, son tus pensamientos, la realidad dónde te encuentras incluso, también lo es.

Tus pensamientos manifestados:

- En personas
- En formas
- En cosas

co-creando tu realidad.

Realmente todos estos pensamientos, se alinean con diferentes realidades, que tienes que experimentar, con aquello que quieres. Así puedes trabajar contigo mismo, en una cosa u otra, todos tenemos el mismo nivel de conciencia, todos tenemos un trozo de verdad, que es igual que la verdad que aquel, que está experimentando en una dimensión o en muchas dimensiones.

Puedes tener miedo a lo desconocido y le pones formas y empiezas a escuchar cosas que te dice tu mente preconsciente.

Si miras una rosa y te enfocas en la espina, la espina pincha y no quieres observar la espina debes expandir tu mirada y observar que tienes pétalos colores y así empiezas a observar la belleza que compone cada cosa incluso a ti.

Si solamente te fijas en que eres un pincho, será lo que veas, mírate enfocando tu atención en todo tu ser, en los pétalos que tienes, como si fueras una rosa, sé tu mejor amigo.

Si te atormentas de ti mismo, te estás juzgando, estás observando ….
con los ojos de la emoción, si te pasa esto pregúntate …….

- <u>Qué es lo que más te gusta de ti y enfócate en ello</u>.
- <u>Da las gracias por eso que te gusta</u> .
- <u>Busca 9 cosas</u> más <u>que te gusten de ti</u> y así vas a ser constructivo contigo y te vas a sentir acompañado de ti mismo; porque cuando no quieres saber nada de ti,

- tampoco quieres saber nada del otro. Es como si te vas con tus amigos, te dicen cosas y tampoco las escuchas.

Si estás huyendo de ti mismo, donde quiera que vayas vas a ir contigo, vas a huir, entonces, intenta :

- Buscar algo de ti que hayas hecho y que te guste.
- Enfócate ahí.
- Cógete de ese hilo.

Todo ello te va a dar mucha fuerza, de modo que cuando estés enfocado allí, empezarás a crecer y a crecer y de pronto dejaras de sentirte solo.

Lo habitual es retirarse y sentirse solo.
Afronta la situación y <u>observa</u>, <u>qué tienes que aprender</u> .

Sí algo empieza a herirte emocionalmente ó a somatizar en tu cuerpo, ese estado emocional de vacío ó tristeza, <u>debes</u> **<u>alejarte de esa situación</u>;** <u>porque solo es un instante</u> de esta vida. Si te gastas el tiempo en eso, luego no debes quejarte.

¿Recuerdas a dónde vas cuando duermes?, allí estás acompañado…. ve al campo y :

- Observa un pequeño espacio del tamaño de un vaso y <u>observa que hay tanta vida</u> en ese pequeño espacio, que **<u>vas a encontrar alegría dentro de ti</u>**.

- Observa una piedra con aberturas en el campo.
- Observa un tronco de árbol.

En esos pequeños espacios hay vida, hay pequeños animales, **<u>así te vas a sentir pleno</u>**, en comunión con la Naturaleza.

Es importante que sientas **<u>tu presencia</u>**, deja que ésta se haga notar allá por donde vayas; cosa que <u>sucede aunque no seas consciente de ello</u>.

No olvides, que allí por donde pasas, vas dejando huella, tanto en el ambiente como en las personas con las que interactúas; por eso la forma de dejar una huella de comprensión y Amor es actuando desde la pureza y la Verdad.

LA GRATITUD

Siempre, en los pequeños detalles, te vas a sentir acompañado de ti mismo, te vas a sentir pleno, abundante en gratitud, sintiendo gratitud.

¿Qué es la gratitud?

Es cómo abrir los ojos y ver que una planta que has sembrado tiene muchas flores, es como si sientes que es de noche y sientes cómo brilla el sol.

Cuando sientes esa gratitud, ya no hay forma de que te sientas solo. Busca instantes constantes que te hagan sentir esa gratitud.

La gratitud, palabra que, a menudo usamos, pero nos cuesta aplicarla desde dentro hacia afuera. Si te dijera que la Fuerza de la Gratitud es una de las más poderosas que existen junto a la Fuerza del Amor, ¿ estarías más agradecido ó agradecida, por cada cosa que te rodea ?.

Agradecido por cada Ser, por cada objeto, porque si cada cosa que nos rodea es energía y hoy día las Leyes de la Física así nos lo demuestran, entonces debemos buscar ese sentimiento dentro de nosotros, para poder manifestarlo afuera.

Así, todo te será dado desde esa Energía maravillosa que **elevará tu vibración** y te hará brillar, con la cualidad que genera Paz y Amor en tu interior y ya sabes.............................

"como es dentro es fuera" de ti y eso verás reflejado en tu vida.

<u>Busca sentir gratitud</u> a través de vídeos, árboles y otras cosas. Busca conectar con el sentir de la gratitud.

La gratitud, es uno de los antídotos del orgullo.

Si hemos nacido con un coeficiente intelectual alto, podemos estar agradecidos por ello, en lugar de sentirnos orgullosos. No es un logro; nacimos con ello.

Si estamos agradecidos por lo que se nos ha dado y por lo que hemos conseguido, gracias a los talentos recibidos de Dios, del Universo ó la Vida, estamos en paz mental y somos invulnerables al dolor.

Puede observarse cómo la mente humana, adhiere orgullo a cualquier cosa que lleve el nombre de MI. Es cuando el ser humano se empieza a sentir más orgulloso.

El orgullo, es uno de los problemas subyacentes del miedo.

Esto es debido, a que tememos cambiar nuestra posición en un asunto, porque podemos pensar que, la opinión de los demás, va a incidir negativamente en nosotros.

Por otro lado, cuando hacemos las cosas desde la gratitud, no hay nada que defender, las cosas se hacen por pura convicción y en armonía con todo cuanto nos rodea; por eso el sentimiento, nos da mucha más paz en nuestro interior, que en definitiva es la aspiración de cualquier ser humano, **sentirse en paz con todo, con todos y sobre todo consigo mismo.**

¡¡ Búscalo diariamente !!.

¡¡ <u>HASTA PRONTO</u> !!

Queridos Caminantes, estoy SUPERFELIZ, porque, si has llegado hasta aquí, significa que te has tomado el interés en leer lo que he escrito para ti, desde el corazón y con el objetivo de poder ayudarte a que veas la Vida con otra perspectiva.

Mi MISIÓN y PROPÓSITO, como ya habrás leído en las páginas del libro es, <u>que ninguna persona en este Mundo, sienta dolor en su cuerpo por el sufrimiento del sentimiento de la Ausencia de compañía ó de soledad.</u>

Quiero que seas Feliz y si he podido contribuir a que hayas tenido algún rato feliz, me daré por muy satisfecho.

Digo hasta pronto, porque espero, sigas leyendo los libros <u>siguientes</u> de la **Trilogía Buen Camino**, **Buen Camino en Alegría** y **Buen Camino en Amor**.

No olvides que con este libro, estás colaborando con las personas que están Sin Hogar y/ó las que están en Soledad.

Espero también que me sigas a través de las Redes Sociales:

Facebook : José Luis Neira Gutiérrez
Instagram   : joseluisneira1122
Youtube: : José Luis Neira Gutiérrez
<u>https://www.youtube.com/channel/UCwtjSnTssKqVHzJ7TBHma3w/featured?disable_polymer=1</u>

<u>TESTIMONIOS</u>

"Buen Camino en Compañía"..., brillante libro en el que sí o sí dejas atrás todo el sufrimiento de cuando te sientes solo, para conectar con la verdadera alegría, el amor.

Este libro es la mejor forma de hacer tu buen camino en la mejor compañía.

Marta Nogués Bazaga
Autora de la trilogía SÍ A LA VIDA
subcampeona de Europa, finalista en Campeonatos del Mundo de natación, Veterinaria y Coach.

"Buen camino en compañía", es un libro extraordinario, que nos toca de manera personal y nos abre a la reflexión para describir nuestro propio camino de vida. Este libro, nos habla a todos, incluso a quienes estamos en un buen momento de la vida, nos transmite lecciones y valor para emprender el cambio y aprender a conectar los sentimientos y con otras personas.

Luis García Ruiz
Autor de EMpieza Vivir Ahora.

"Maravillosa labor la realizada por José Luis en este gran trabajo. Todos necesitamos sentirnos acompañados y hay situaciones realmente difíciles, que hacen que las personas se encuentren en circunstancias muy poco deseables. Sin lugar a duda esta trilogía ofrece las herramientas necesarias para que todas aquellas personas que sientan la dureza de la soledad en sus vidas, puedan revertir sus circunstancias y realicen su camino como todos deseamos, acompañados, con alegría y con amor."

Lidia Alba García
Autora de la trilogía El Diario Dorado de tu Vida.

¿Te sientes sólo?, ¿Has pensado que puede haber otras personas que se sientan igual que tú?, Si este libro ha llegado a tus manos, créeme cuando te digo que no es casualidad. José Luis desde su inmenso corazón y generosidad ha creado una red de conexiones entre personas que necesitan dejar de sentirse solos y las herramientas necesarias para ello. La trilogía BUEN CAMINO te está esperando, para encontrar cómo transitar esta vida EN COMPAÑÍA. Gracias José Luis por tu labor y contribución a la sociedad, con esta maravilla de libros.

Ángeles Gómez - Belmonte
Autora de la Trilogía MEDITA

Una de las cosas que más me ha Impactado del libro es su misión. José Luis, acompaña en cada una de sus páginas al lector en lo que denomina el mismo "la ausencia de compañía".

Qué mejor, que comenzar un "Buen Camino" y hacerlo en COMPAÑÍA, aunque en nuestras vidas pueda existir esa ausencia que muchos podemos experimentar en algún momento de nuestro existir.

Un libro lleno de herramientas para transitar EL AHORA, sin experimentar el vacío que en ocasiones nos acompaña. Una GRAN MISIÓN y un objetivo CLARO, me ha encantado. Gracias por dejar a cada lector conectado con la posibilidad absoluta de transitar en compañía en alegría y con amor.

Robinson González
Autor de hazlo Ahora

¿Sabes aquel sentimiento que te hizo sentir en soledad?, aquel resquemor interno y sin juicio que se acerca y te reconcome cuando piensas que no tienes una compañía en esta vida; Jose nos conduce con 11 herramientas claves a la soberanía de no sentirse una persona en soledad, en su libro nos da las claves para vivir plenamente, aún no teniendo otro ser humano a nuestro lado! Y si no fuera bastante... el sigue... con sus dos siguientes libros ordenándonos en nuestro día a día y por fin conduciendo nos al amor infinito! Lo recomiendo, cuando lo leas, no te quedarás indiferente y seguramente tu vida cambiar gratamente!

Adriana Casonatto
Autoría de la trilogía - 13 - AUTOESTIMA-SEXUALIDAD-LIBERTAD

"Buen Camino es un libro que te remueve la conciencia, que te abre los ojos, que te enseña que en este mundo siguen existiendo personas extraordinarias que piensan por encima de todo en ayudar a los demás. Un libro que te muestra una realidad para muchos ignorada y con sus páginas va a permitir que nadie vuelva a sentirse solo. Un libro imprescindible si pretendes contribuir a dejar un mundo mejor."

Javier González González
Director Area Derecho Familia Casasempere abogados
Autor Trilogía "Bendice tu Divorcio"

BIBLIOGRAFÍA

- Lapuente María, Numerología Tántrica, Alas 2011.

- Hammond Claudia, BBC Loneliness Experiment 2018.

- Díez Nicolás Juan, Morenos Páez María, La soledad en España 2014. Fundación Once, Fundación Axa.

- IMSERSO 1995 - 2008

- Ortega Elien, Conferencia: "sentimiento de soledad" 2017.

<u>**LEE MI SIGUIENTE LIBRO
BUENCAMINO EN ALEGRÍA**</u>

GRACIAS DE CORAZÓN

"LA VOZ DE TU ALMA"

Laín García Calvo

Desde esta página, quiero agradecer de una manera muy especial y desde lo más profundo de mi Corazón, a la persona que ha hecho posible, que tú estés leyendo el libro que tienes en tus manos, es una Persona Especial.

Yo denomino Persona Especial, a aquella persona que brilla, que desprende Amor por sus poros, que aún siendo grande, la Humildad es la característica que predomina en su Ser.

Laín García Calvo, es esa Persona Especial y ha escrito el Libro de TRANSFORMACIÓN PERSONAL, con el que yo soñaba encontrarme. Es " LA VOZ DE TU ALMA". Este no es un Libro más. Es el LIBRO, que en tu vida **debes Leer**.

Consíguelo en: www.laingarciacalvo.com

Laín Es, esa persona con la que te gustaría pasar todo el tiempo posible, porque su proximidad te inspira, te relaja, hace que tu Alma esté en Paz y sientes una dulce sensación difícil de explicar; ya que recorre todo tu cuerpo.

Una persona así, ha podido escribir la VOZ DE TU ALMA, este libro, que a mi me inspiró y me ayudó para que yo pudiera transformarme en la persona que soy hoy; ya que tenía necesidad de cambiar mi vida, porque estaba tocando fondo.

Por alguna Causa, la Vida se enfocó para que llegase a mi este Libro, donde pude conocer y aprender los principios y Leyes Universales, pude comprobar como dice Laín, que realmente funcionan.

Fui capaz de elevar mi vibración, gracias a los pasos que en La Voz de tu Alma, se explican con una absoluta claridad.

Conseguí que se dieran una serie de sincronicidades, absolutamente mágicas, gracias a que se iban cumpliendo los principios y Leyes que en ese maravilloso Libro aparecen.

Y claro está, conseguí el objetivo que en ese momento de mi vida anhelaba, encontrar el Amor en la Persona adecuada y ser correspondido con ese Amor.

Estoy agradecido y me siento bendecido, porque sé que LA VOZ DE TU ALMA, te va a ayudar igual que a mi me ayudó y si a través de mi lo conoces, es porque el Universo, me ha puesto en tu Camino para que, así sea.

GRACIAS DE TODO CORAZÓN
CAMINANTES Y LECTORES.